佛陀不廢話

——佛法入門問答

容我直接明瞭
回答你

關於佛法的
熱門問題

獻給我的妻子吉賽爾
感謝妳全心全力支持我

獻給我的孩子
萊科、諾艾爾、吉納維芙
願你們在世間無常與緣起相依的
本質中看見美
我非常愛你們

獻給亦師亦友的師父
久保瀨光洋（Koyo Kubose）

合十

恆常不變的自性本心

佛教的法理與實踐已大量滲透入今日的心理治療之中。

事實上，佛教在許多方面都不是多數人想像中的傳統宗教，而是在漫長歷史中圍繞著佛陀教導逐漸發展、匯聚而成的一種生活方式。在這棵佛法的大樹上，大致存在著上座部（國人習稱的小乘佛教）、大乘，以及金剛乘（國人習稱的密宗）三個支派。不論是哪一種支派，佛教徒們的首要關切都是「苦」。

苦是什麼？它如何形成？如何止息？實現的方式為何？如果讀者對佛教有基本的瞭解，應當很清楚我在這裡所提的正是「四聖諦」，是佛教對世界獨樹一格的理解方式。

在這樣的方式中，佛陀告訴我們，人類是自身思想的囚徒。如要能獲得平靜，首要的方式就是接受苦的存在。多數時候，我們急著否認它，然後緊緊地想要抓住某一種「應該」。

例如我應該永遠年輕、孩子應該永遠乖巧、另一半應該把家裡打理好，同事朋友應該尊重我，或者意外不應該發生在我身上。而佛陀教導的核心就在於「接納」。因為這世上並沒有恆常不變的東西，命運如是，自我亦復如是。

在這樣的觀點底下，「無常」與「無我」成為了佛教徒口中的真理與實相。人之所以會感到痛苦，多數時候就是因為不瞭解這個生命的實相所造成的。

西方心理學的根本在於「自我」，佛陀的教導則在於「無我」。這一點標誌出兩大思想體系的根本差異。臺灣的佛教圈屬於大乘佛教，受惠於歷史條件，我們對佛教的基本語彙並不陌生。但同樣地，祖師大德留下的語言文字也變成了一種障礙，那些詰屈聱牙的偈頌，望之令人生畏的經典，往往使現代人感到困擾和疲乏。

與此相反，歐美卻在這一百年間大量地吸納了佛教的思想，由於佛教在西方的蓬勃發展，許多大師也紛紛前往歐美開設講座、創建佛堂。在這樣的背景下，佛教的觀念與現代心理學產生了許多對話，過去許多從中文語境來說難以理解的專有名詞，例如「緣起相依」，如今用英文來看就清楚多了。

該詞的英譯是 interdependence，很明顯地，它所指的就是彼此依賴，相互交織。再舉一例，「不執著」某項事物跟「放棄」某項事物歷來也很容易混淆，將佛教誤解為退縮跟「躺平」的宗教（所以才會出現「佛系」這樣的名詞，用來形容一個人毫不用心）。但英文卻能簡單地以 nonattachment 與 detachment 來做概念上的分隔。對普遍具有英文基礎的國人來說，一部以西方觀點來闡釋的佛法入門因此佔了非常大的優勢。

本書用簡單的四個章節貫穿了佛教的整體核心。比起難以入門的經典巨著，所有樂於學習佛教的初學者，必可從這本西方觀點的佛法問答受益。作者為我們清楚地說明了佛陀其人、他觀點中的核心概念、解除痛苦的基本步驟（八正道），以及常見的修行方法。讀來輕鬆有味，同時又能感受到作者循循善誘的親切。

佛教是一個強調實踐的宗教，這是為何稱它為某種生活方式更為貼切。佛教徒看重的不是「信」（這是所有一神教的特徵），而是「行」。我們做了什麼，比起我們認同什麼更為重要。因為一切無常，所以在我們身外並沒有一個可以祈求和

應允我們的神。人真正應當祈求的，是如何在正確的認知下表現自己的行為，成為一個完整而慈悲的覺悟者。

而從深度心理學的角度來看，這就是六字大明咒（嗡嘛呢唄美吽）真正的意思，此咒的意譯為：「啊！看這位於蓮花上的珍寶！」

蓮花象徵著完整，而在那上頭的珍寶就是我們內在恆常不變的自性本心。這六字大明咒就是佛教徒的修行目的，他們祈求覺醒後的自己能夠像這朵蘊藏著珍寶的蓮花，完整而美麗。

——愛智者書窩版主／鐘穎

目錄

第二部：核心概念 Core Concepts　　31

第三部：核心教導 Core Teachings　75

第四部：根本修持 Core Practices　111

日常佛教

如何使用這本書

　　我的佛教修行之路始於 2010 年，當時，我面臨的生命困境和疑惑，讓我開始質疑過去所知的一切，便決定在靜坐和佛教中尋求安心之道，但我學得愈多，就愈意識到，根本沒有什麼祕法可以消除我生命中的不安。我清楚看見，當我愈努力要消滅痛苦，實際上卻為自己帶來更多痛苦。我想弄清楚這個看似矛盾的問題，於是開始深入研究佛教哲學，讀了百本以上關於這個主題的書籍。很快的，我成立了一個在地的靜坐團體，開始教導其他人佛教的思想和概念，幫助他們面對可能遇到的生命困境，比如無神論或信仰的幻滅。之後，我開設了一個名為「俗世佛教」（Secular Buddhism）的播客節目，並花了兩年的時間接受弘法訓練成為一名佛教傳法者。目前，我在網路上和世界各地傳授正念與佛教哲學。

這是一本學佛的入門書，是專為想要了解佛教哲學和佛教核心教義的人而撰寫的。讀完這本書，你應該會對佛教及其歷史有非常紮實的基礎認識。這個基礎將幫助你決定是否開始、或持續你原本的佛教修行之路，同時，你也可以從西方對靜坐冥想的興趣、當前正夯的「正念熱潮」、以及全球近 5 億佛教修行者這些事實當中看出，佛教對當今世界持續發揮的文化影響力。

本書共分為四大部，每一部都會針對佛教的不同面向幫你建立起基本認識，包括：佛陀是誰、他如何看待世界、他的法教內容是什麼、以及這些教導在 2500 多年後的今天，如何在佛教徒與非佛教徒當中同樣被實踐。

本書是以問答的形式寫成，當中有許多問題都是我親自帶領佛教工作坊和研修會時被學員問到的問題。第一部主要介紹我們所知的「佛陀」這位歷史人物，第二部介紹佛教徒最需要知道的佛教思想和概念，幫助你了解佛陀最重要的根本法教。

第三部涵蓋佛教的基本哲學概念與傳統法門的所有教導內容。最後，在第四部，我們將探討佛教的修持方法，包括靜坐和誦經持咒等。這樣的結構方式，對於剛接觸佛教的入門

者來說，只要從頭到尾依序閱讀，就可以從這本書獲得最大收穫。不過，你也可以將它當作參考書籍——如果你對特定主題感興趣，可以直接從索引找到與該名詞相關的頁面來閱讀。

在整本書中，你偶爾會看到不同頁面底色、並以「日常佛教」（Everyday Buddhism）作為標題的章節。在這個部分，我會試著以日常生活的實例具體說明該章節所討論的主題。由於佛教的某些思想概念可能讓人覺得有點抽象，所以我希望藉由說故事的方式來告訴大家，如何在日常生活經驗中實踐佛陀之教。

我想在這裡先簡要介紹一下幾個不同的佛教派別（詳細內容在本書第 23 頁會有更深入的討論）。如果有人寫了一本書，書名標題是《基督不廢話》，這位作者本身是天主教徒還是耶和華見證者，一定會使得這本書的內容出現極大差異。基督宗教廣大淵博，各個分支教派的教義和修證道路也極為不同。佛教也是如此。我個人一開始是學習藏傳佛教，然後轉向禪宗。之後又受到淨土宗的重大影響，完成了一個弘法計畫的培訓課程，現在，我修習俗世佛教（在家佛教）。因此，雖然我一定會盡最大努力對任何特定法門的相對優點給出中立的觀點，但

我知道，難免還是會受到我所研究和學習的宗派教義的影響。我希望你能夠藉由這本書對佛教的思想與教義有整體概要的了解，同時也要知道，其他宗派法門的師父可能會從不同的觀點角度來解釋其中的某些思想概念。

　　補充一個關於佛教用語的說明：在佛教中，當我們談到菩提道（Buddhist path）的諸多面向，經常會聽到「善巧」（skillful）和「不善巧」（unskillful）這兩個用語。這是來自梵文「upāya-kaushalya」，意思就是「善巧方便」（skill in means）。善巧方便是大乘佛教的一個概念，強調佛教修行者在邁向開悟解脫的道路上，可以依據個別的環境條件狀況使用適合自己的修行方法或技巧。大家都知道，佛陀就是以順應聞法者的個別需要和根基來調整他的法教內容而聞名。因此，我們也可以順應個人的需求和情況，選擇不同的佛教修行方法。這就是所謂的善巧方便。現在，就讓我們一起來認識佛教吧！

第一部
佛陀
The Buddha

學習內容：這一篇我們會討論喬達摩悉達多這個人，也就是我們現在所稱的佛陀。你會了解到他的生平、他最後開悟解脫的重要關鍵契機，以及他的法教是如何發展成為一種哲學體系，最終成為一種普世宗教。儘管經過幾千年，佛陀的法教和哲學至今依然切合時宜。

佛陀是誰？
是真有其人，還是神話人物？

佛陀（Buddha）是我們賦予喬達摩悉達多（Siddhartha Gautama）的稱號。悉達多活在大約西元前 500 年的印度北部，也就是現今的尼泊爾一帶。通常，當我們提到「佛陀」，指的就是悉達多這個人，佛陀當時的法教內容後來成了我們現在所稱的「佛教」（Buddhism）之根基。關於悉達多這個人的存在，學術界幾無爭議；不過，關於他生平的一些事件，則存在著一些爭論。與許多古老的宗教傳統一樣，原始的佛教典籍已經成為對於佛陀之教的教導。雖然這確實為佛學教師們個人在教義的闡釋上開闢了更多空間，但也因為隨時代轉述之故，使得法教內容的精確性出現了一些歧義。儘管如此，我們依然可以從許多流傳下來的佛教典籍來了解佛陀。

我們知道，佛陀的法教有兩個核心主題：一個是人類的苦痛煩惱生起之因，一個是止息苦痛的方法。佛陀教導的是一種可以直接在生活中實踐的方法，而不是只要求追隨者單純相信的一套思想概念。佛陀的法教，也就是我們統稱的「法」（dharma），是邀請我們向內看，去探究我們自己的心，這樣才能更清楚了解我們自己這個人以及實相的本質。

佛陀不廢話

佛陀說什麼語言？
我經常聽到佛教使用外來語，
那是佛陀當時使用的語言嗎？

　　佛陀當時說的語言可能是摩揭陀語（Māgadhī Prākrit），這是印度北部古摩揭陀王國的語言。但我們無法完全肯定，因為當時佛陀用他的母語所說的教導並無留下書面文字記錄。佛陀在世和滅後很長一段時間，他的法教內容都是透過口耳相傳的方式在印度和當今的尼泊爾一帶流傳。直到佛陀圓寂數百年後，這些教法才最終被人收集和記錄下來。目前所知最古老的書面文字法教結集之一是《巴利三藏》（Pali Canon，亦稱《南傳大藏經》），因為它是用巴利文（古印度用於學術和宗教論述書寫的文字）寫成。由於這是目前所知最古老的佛陀法教結集，因此你會看到，不只這部書，還有許多其他的佛教著作都使用了巴利文。此外，也經常會看到梵文（Sanskrit），它是一種與巴利文非常相近的語言，至今在印度仍被當作一種宗教儀式語言來使用。

我們對佛陀的生平有何的了解？
他是如何得到開悟解脫？

　　根據記載，喬達摩悉達多出生於藍毗尼（Lumbini），也就是現今的尼泊爾，時間大約是西元前 500 年左右。他是國王的兒子，在富裕奢華的王宮中長大。29 歲那年，他娶妻，生了一個兒子，而且善盡他作為王室成員的職責，直到有一天，一切都變了。搭乘馬車外出巡遊時，他先是遇到一位老人，然後是生病的人，最後則是一具死者屍體。在此之前，悉達多一直在宮中過著受到極盡保護的舒適生活，離老病死的現實非常遙遠，親眼所見這些老病死之景象，深深震撼了他。他才發覺，富裕和奢華生活並不能保護他免受痛苦和死亡，這讓他內心生起深深的不安。悉達多最後遇到一位沙門——他是一位四處流浪的求道者，一面靠乞討為生，一面尋求精神解脫的智慧。這位沙門看起來面容平靜安祥，不像悉達多那樣內心充滿困擾。悉達多受到啟發，決心去尋求這種精神智慧，以化解他對生命殘酷現實的不安。

佛陀不廢話

悉達多捨棄了王子的生活，展開了追尋內心平靜的求道旅程。一開始他遵循上師和師父們修習自我控制和禁慾的苦行。經過六年的專注學習和修行，從禪定到長時間的禁食，悉達多感到挫折沮喪，因為他依然沒有解決心中的疑惑、得到想要尋求的智慧。最後他了解到，安心之道乃是透過心智鍛鍊才能成就。他來到印度北部一處地方，在一棵無花果樹下打坐，在那裡，他與自己的心念頭腦角力，與那些使他無法看清事實真相的思想概念搏鬥。七日後，他突然頓悟，自己就是內心不安和痛苦的根源，也是他所拚命尋找的喜悅與安心之道的源頭。他發現，他所尋求的智慧就在自己內心、而不在心外，於是證悟了。世人用來尊稱他的「佛」（Buddha）一詞，就是巴利文和梵文的「覺醒」之意。為了紀念佛陀的成就，他成道的地方被後世稱為菩提伽耶（Bodh Gaya），那棵樹則被稱為菩提樹（Bodhi tree）。

事實 vs. 我們對事實的知覺概念

　　想像一下，你開車行駛在高速公路上，突然有一輛汽車切入你的車道、超你的車，逼著你必須急踩剎車。一般常見的反應就是按喇叭，要不然就是對著那位駕駛比中指。你甚至可能會出現強烈憤怒，也就是我們所謂的「路怒症」（road rage）。為什麼在這種時候我們就會開始生氣，甚至怒火中燒？

　　從佛法的角度來看，我們對一切事實情況（以此例來說就是一輛車突然切入你的車道）的知覺概念（perception），會大大受到我們對實際發生之事的認定想法（ideas）所影響。以這個場景來說，我們可能會這樣想：「這混蛋居然超我車！」但其實，認定那位駕駛是一個自私卑鄙的人，是故意要搶我們的路，這只不過是我們在自己腦中編造出來的虛構故事。我們怎會知道這個人是不是混蛋？有沒有可能他（或她）是因為剛剛收到天大的壞消息而導致開車分心？有沒有可能他（或她）是因為身體突然出現不適？如果是這些原因，你對這個場景的感受會跟著改變嗎？可能會。事實情況是，有一輛車急急切入你的車道，你所

知道的就是這樣而已。其他一切都是不確定的；我們不知道駕駛是誰，他（或她）為什麼要那樣做，也不知道那輛車子裡發生了什麼事。

在日常生活中，我們一直都在為每一件發生的事情編造意義和創造故事。當有一個念頭出現，我們就馬上為它創造一個故事，這個故事讓我們生起某種感受，然後我們又繼續為這個感受創造另一個故事，如此不斷循環，我們卻對此毫無所知，我們根本完全沒有去注意實際發生的事實，只是困在一種對自己念頭想法的慣性反應圈套中。

佛的法教可以提供我們一個新的視角。我們所編造的故事有時似乎能夠安慰我們，因為它們可以帶給我們一種確定感，就算它們並不是真的。但是，如果我們可以讓自己從迷惑我們知覺概念的那些故事中解脫出來，開始接受我們並不那麼了解的那些情況，就能得到大自由。這就是為什麼佛教的修行經常被稱為「解脫道」（Path of Liberation）。「解脫」就是當你不對切入你車道的車子生起情緒反應的那一刻——因為你並不知道實際上發生什麼事，所以也沒什麼必要做出情緒反應。解脫就是如實去經驗發生的事實。

佛這個字是什麼意思？

　　佛（Buddha）在梵文和巴利文中的意思就是「已經覺醒的人」或「處於覺醒狀態的人」。覺悟者和覺醒狀態這個概念可說貫穿了整個佛教哲學。佛陀的教導是：有一個事實，萬法本然的實相，還有一個事實，是我們人類對它產生知覺概念知或理解而有的事實。我們對事實的知覺概念，乃是與我們頭腦如何被制約有關；換句話說，我們的想法、文化信仰、思想概念以及觀點，都會直接影響我們如何看待一個事實。「佛」，就是從這種對於事實的錯誤認知中完全解脫出來的人，從而體驗到涅槃（nirvana，梵文的意思是「被吹滅」或「被熄滅」），也就是存在的清醒覺知狀態，這就是佛法修行的終極目標。

佛陀不廢話

佛陀開悟證道後做了什麼？

　　佛陀成道後，餘生皆致力於教導他人如何開悟解脫。佛陀的第一次說法講道，是對他在修苦行期間與他同行的五位比丘。他們成為佛陀的弟子，一起從一個村莊到另一個村莊，傳播佛陀的法教，並建立了最早的比丘尼與比丘僧團。佛陀活到大約 80 歲去世，但他的法教仍持續在當今世界各地傳播。

佛陀有家人嗎？

在成佛之前，喬達摩悉達多娶了一位名叫耶輸陀羅（Yasodhara）的女人，他們生了一個兒子叫做羅睺羅（Rahula）。在悉達多尋求開悟期間，耶輸陀羅和羅睺羅一直留在王宮裡，但傳說他們加入了佛陀後來建立的僧團。佛陀沒有兄弟姐妹，但他的幾位堂兄弟也都追隨他，成為出家比丘。他的堂兄阿難（Ananda）一直伴隨佛陀講經說法，並把佛的言語都背誦下來，對大眾宣說，後來這些內容被以文字記錄下來整理成《巴利三藏》。佛陀的家人、朋友和弟子，在佛法的廣傳上發揮了重要作用。

我看過一尊身材胖胖的、看起來很快樂的佛像。佛是長這樣嗎？

　　因為「佛」是一切「覺悟者」的統稱，因此歷史上有很多佛。這個胖胖的人是一位名叫「布袋」（Budai）的中國和尚，也被稱為笑佛或胖佛（彌勒佛）。如果你看到的是這位帶著微笑的禿頭胖子，那是布袋和尚，不是發現佛法的那位喬達摩悉達多。為了區分悉達多與其他的佛，佛教徒經常稱喬達摩悉達多為「喬達摩佛陀」（Gautama Buddha）或「釋迦牟尼佛」（Shakyamuni Buddha，簡稱「釋尊」，因為釋迦是佛陀的族氏名稱）。大多數釋迦牟尼佛的畫像都把他描繪成一個身材細瘦、有一對長長耳朵的人，而且通常是呈現打坐姿勢。

佛教徒認為佛陀是一尊神嗎？
佛教徒會膜拜佛陀嗎？

　　佛陀是一位導師，不是一尊神。如果你看到佛教徒向佛的雕像或畫像鞠躬頂禮，他們未必是在拜他，而是用身體姿勢表達他們的虔誠皈依之心，代表他們願意捨棄小我、跟隨佛陀的法教來過生活。事實上，根據某部佛經的記載，佛陀似乎對膜拜神明持批評態度，他告訴一位年輕人，過有道德的生活比膜拜任何事物來得重要。不過，隨著時間演變，各個佛教宗派對於佛陀也有不同的看待方式；有些幾乎是將他神格化加以膜拜，有些只是對他抱以無上的崇敬之心，將他視為究竟導師。在佛教的教義當中，佛陀純粹是一個人和一位導師，不過，某些文化傳統之下的佛教修行宗派中，確實將佛陀描述為某種類型的神明，但也並非基督教和伊斯蘭傳統中的那種創世之神的概念。

若見彼智者，能指示過失，
並能譴責者，當與彼為友；
猶如知識者，能指示寶藏。

佛陀
《法句經》

如果佛陀的主要角色是一位導師，
那麼佛陀究竟教導了什麼？

佛陀證悟後，他明白到，一個人若要真正知道何謂開悟解脫，必須直接去經驗開悟的某些境界。沒有任何文字或概念可以充分陳述什麼是開悟證道。

意思就是說，開悟之境是無法用語言來解釋的；它必須親身經驗。因此，佛陀不是傳授一套信仰概念，而是傳授一套修行方法，一種幫助人們自己達到證悟的方法。佛陀的法教是要付諸實踐的，而由實踐所得到的經驗，是可由每位修行者自行驗證的。與其去抉擇這些教導是否正確，不如直接透過修行去驗證這些方法是否有效。換句話說，就是親身去驗證這些教法真的有讓你減少、最終達到止息痛苦嗎？

佛教的目的是幫助我們了解世間實相和苦的本質，然後放下造成苦的因子。這個過程則要從帶著批判眼光來審視我們看待世間的方式開始。禪宗僧人一行禪師說：「佛教的祕訣就是去除一切思想與概念，讓真理實相有機會透出、自然顯現出來。」

佛陀教導我們，人本質上是自己思想的囚徒，我們一直被自己的信念、知覺概念和想法束縛著。我們看到的世間是一個不正確的版本——是一個會為我們帶來不必要之苦的版本，而這並非隨機巧合所致。我們一直都習慣將我們的痛苦和不安不滿歸咎於外在環境。佛陀的教導則幫助我們改變這種觀點，並且了解到，我們所經歷的不必要之苦，其實大多與我們如何看待世間事物有關，而不是與事物本身有關。真正能夠帶給我們快樂與安心滿足的，是內在的改變，而不是外在的改變。在本書第三部，我們會更詳細探討佛陀的核心教導。

克里斯遲到

　　幾年前，我必須幫我的攝影器材公司開發的特殊產品找到新的製造廠商。我與一家新廠商的銷售主管聯繫，以虛擬方式先製作產品的原型設計圖。這位主管的名字叫做克里斯。經過幾個月的電子郵件來回通訊，我們發現還是需要見面詳談。但是當我到達約定的會面地點，卻沒有看到克里斯。

　　我檢查了我的電子郵件，並確認我是在正確時間出現在正確的地點。「或許克里斯會晚點到吧。」我等了幾分鐘，克里斯沒出現，我又等了幾分鐘。還是沒見到克里斯的人影。我來回踱步，開始感到不耐煩：「他到底人在哪裡啊？」最後，我就近在一張長椅子坐下來，旁邊還坐著兩位年輕女性，我掏出手機打電話給克里斯，問他怎麼這麼久還沒到。話還沒說完，其中一個女人就轉過頭來說：「嗨，你是諾亞嗎？我是克里斯！」我開始大笑，然後我告訴她我為什麼大笑，她也跟著笑了。

　　除了好玩之外，這個故事正好是一個例子，讓我們看到人的觀念如何影響我們對事實的理解。我從頭

到尾都認定克里斯就是個男人，所以認為他遲到真是
混蛋。我從來沒有想過，克里斯可能早已經在「她」
該到的地方，因為我認為那個「她」應該是「他」！
我的不正確觀念讓我瞎了眼，看不見事實。我們是不
是經常也像這樣，對眼前的事實視而不見，只因為我
們先抱持了一個想法、概念或觀念，讓我們看不到事
實的本來面目？

佛陀是什麼時候圓寂的？
他有接班人嗎？

　　大約在 80 歲的時候，佛陀因為一場突如其來的疾病而圓寂，據說可能是因為食物中毒。他生前並沒有指定繼任者。佛陀的堂兄兼侍者阿難在佛陀臨終前曾問他：「你離去後，誰來教導我們？」佛陀建議阿難，要以他的法教為師。今日，世界各地都有許多佛教宗派的頭人繼續在傳播佛陀的法教。即使你對佛教接觸不深，也可能耳聞過其中一些人，比如藏傳佛教的丹增嘉措（Tenzin Gyatso），也就是鼎鼎大名的達賴喇嘛尊者。不過，有一件事情很重要必須知道，某個宗派或法門的師父，並不能代表整個佛教，而且他們跟其他法門的師父很可能也有意見不一的地方。

佛陀不廢話

有人說，與其說佛教是一種宗教，不如說是一種生活方式。佛陀教導的是一種生活方式、一種宗教、還是一種哲學？

　　或許最佳答案是：「以上皆是」。如果你搜尋世界主要宗教列表，一定會在列表中看到佛教這個條目，但佛教與大多數宗教的不同之處在於，它是「非有神論」（nontheistic）的文化傳統；它並不信奉「至高無上的造物主上帝是人類存在的源頭」這樣的信仰。此外，其他宗教非常關心的許多龐大生命問題，也都不是佛教關心的，比如：究竟上帝是否存在？我們死後會發生什麼事？宇宙是有限還是無限？

　　佛經中有一個毒箭的比喻。一位比丘非常煩惱，因為佛陀沒有向他解說上述提到的那些生命存在問題，他威脅說，如果得不到滿意解答，他就要還俗、放棄出家。佛陀就做了一個比喻來回答他，佛說，這個人就好比一個已經身中毒箭的人，荒謬的是，他居然說他必須先知道是誰用箭射他、那個弓箭手出身哪個氏族、長得什麼樣子、箭是用什麼材料做成的……等等，他才願意接受治療。「此人可能已經命終，」佛陀最後

做了結論：「但這些問題依然未得到解答。」（《中部》第 63 經，Majjhima Nikāya 63）。

　　這個故事讓我們清楚看到，佛教是採取什麼樣務實的態度在面對生命的實際問題：生活中，當我們遇到困難，並感到非常痛苦，就像被毒箭射中一樣。佛陀教導我們，明智的做法是，不要把時間和精力花在無關緊要的小事上，而是直接把箭拔出。佛教並沒有試圖回答這些關於生命存在的問題，而是要我們向內看，並問自己：「為什麼我覺得有必要了解這些事情？」

　　由於佛教並不是很關心這些龐大、不可知或超自然的問題，我們可以放心地說，佛教除了是一種宗教之外，也是一種生活方式或一種哲學：一套不依賴任何教條信仰的修行方法與一種生活方式，可以讓我們有機會在當下片刻獲得平靜和安心滿足——畢竟，我們唯一擁有的就是當下片刻。佛陀鼓勵他的追隨者，要在自己的生活中親身去檢驗他的法教內容。當你在閱讀這本書時，我也鼓勵你去檢驗這些教導，將它們真正付諸實踐，來確認你是否跟這些教導相應。

佛教徒有共同使用的佛教聖經
或其他權威典籍嗎？

　　簡單回答是：「沒有」。不同的佛教宗派會使用不同的經論典籍來作為該宗派的法教依據，一個宗派所推崇的典籍，在另一宗派中可能完全無人知曉。例如，最古老的佛典《南傳大藏經》（Tipitaka，英語稱為 Pali Canon《巴利三藏》），是上座部佛教徒的標準典籍。Tipitaka 是巴利文「三篋（三籃）、三藏」的意思，也就是將佛教典籍分為三大類：Vinaya Pitaka 律藏／毘奈耶藏（關於佛教徒的戒律規定）、Sutta Pitaka 經藏／修多羅藏（佛陀在世時的開示和說教）、以及 Abhidhamma Pitaka 論藏／阿毘達磨藏（也就是「無比法」，內容是解說佛教對於「心／mind」的概念）。其中，律藏和經藏的法教內容與早期的一些佛教部派經典非常相似，論藏則是上座部佛教的經典結集，與其他教派認可的經典沒有太多共同之處。

　　還有其他佛教宗派使用別的佛教典籍。比如，包括禪宗在內的大乘（Mahayana）宗派，最受歡迎的經典是《心經》、《法華經》（Lotus Sutra）和《金剛經》。另一部非常普及的經典《法句經》（Dhammapada），是佛陀的語錄集。

有一件事很重要必須知道，佛教的典籍並不等同於其他宗教傳統的《聖經》。這些佛教典籍並非某一位神的口述或諭知。它們旨在引導我們走上開悟解脫之路，而不是向我們灌輸一套特定的信念。佛的教導不是讓你去「相信」的；而是要你真的去「做」，將它們付諸實踐。

佛陀不廢話

上面你提到佛教的各個「宗派」，
主要有哪幾類呢？

　　佛陀的法教從印度和尼泊爾為起點，向外傳播到亞洲各個鄰國，並持續傳播了 2500 年。在當時，佛教已經分裂為幾個宗派或部派，每一個宗派都有自己的修行方法、儀軌，以及典籍。雖然所有的宗派都是建立在相同的根本法教上，但彼此之間還是存在著一些差異。

　　佛教基本上分為兩大分支：「上座部」（Theravada，或稱小乘）以及「大乘」（Mahayana）。你常聽到的幾個佛教宗派，比如：禪宗、藏傳佛教以及淨土宗，都是屬於大乘佛教。大乘佛教還有另一個延伸支派，稱為金剛乘（Vajrayana，亦稱密宗），有時也被稱為佛教的第三個分支。

　　上座部佛教主要盛行於斯里蘭卡、泰國、柬埔寨、緬甸和寮國等地，大乘佛教在中國、日本、台灣、尼泊爾、蒙古、韓國和越南居主導地位。金剛乘則是西藏的主要修行宗派，也是達賴喇嘛所修持和教導的法門。現今所存的各個佛教宗派當中，上座部歷史最為悠久，但大乘佛教的修行者人數最

多。佛教的許多宗派，比如禪宗、藏傳佛教、淨土真宗（Jōdo Shinshū）以及日蓮宗（Nichiren），表面上看起來好像非常不同，但所有的這些佛教修行法門都是建立在相同的思想基礎上，擁有相同的核心概念和法教。

想法上的改變

　　成年之後，我曾在墨西哥生活了好幾年，在家使用的語言是英語和西班牙語。我記得當時我對自己的口音非常擔心，因為電視上出現的美語口音跟我在德州長大時聽到的不一樣，同時墨西哥城市裡的人說的西班牙語口音也跟我不同。我很想確定我擁有「最正確」的口音。同樣的，當我剛開始學習佛教時，我也想學習「最正確」的那一種。是上座部佛教嗎？ 禪宗？ 還是其他別的？

　　但是，想法就跟語言一樣，會隨著時間改變。在美國不同地區，人們自然形成不同的美語口音，墨西哥境內說的西班牙語，也跟其他拉丁美洲國家以及西班牙說的西班牙語不同。同樣的，佛教也已經演進到能夠順應不同的文化和時代背景。佛教的修行方式沒有所謂對或錯，就像說英語或西班牙語的口音也沒有所謂對錯。佛陀說，所有法教中，最高的教導是無常之教。佛教怎麼可能在這個無常變化的世間永遠保持不變呢？ 你可以從各種佛教宗派傳統中去學習，找到你認為可靠、而且與你個性和學習風格相應的教導。當你改變了，你的修行法門也會跟著改變。

上座部、大乘和金剛乘佛教的主要差別是什麼？

雖然同一個宗派內也有各種不同分支，我們很難一概而論，但一般來說，兩大佛教宗派的差別主要在於，他們對修行最終目標的想法不同。在上座部佛教，修行的目標是成為阿羅漢（arhat），也就是跟隨佛陀的修證之道使自己開悟解脫的修行者。在大乘佛教，修行的終極目標是成為菩薩（bodhisattva），發願不僅要自己覺悟，也要幫助其他眾生覺悟。這種修行取向的不同，乃是源於大乘「緣起相依」（interdependence）的觀點，也就是說，除非所有眾生都開悟，否則一個人不可能真正完全開悟解脫。金剛乘佛教則是大乘的一個分支，也注重發菩薩願，加上藉由各種形式的禪定修觀，幫助修行者直接連結自身內在的覺醒佛性（Buddha-nature）。關於佛性的概念，我們會在第二部詳細討論。

另一個主要差別是，上座部佛教主要是出家修行，這意謂著大多數上座部修行者已經捨棄凡俗生活，發下誓願成為出家比丘或比丘尼。在家居士僧團供養出家僧團，但在家居士未必需要遵循相同的道路來得到開悟。而大乘佛教的宗派，則傾

向於為更多對出家沒有興趣的在家居士，提供一條虔誠修行之道。例如，禪宗僧侶可能娶妻生子，而且擁有一份凡俗工作，同時也花時間修持禪定。

各個宗派傳統也各自擁有不同的法教典籍。上座部佛教完全遵循《巴利三藏》之教，而大乘佛教則以藏傳佛教和漢傳佛教經典為基礎。藏傳和漢傳經藏雖然也有一些與早期《巴利三藏》相對應的經典，但也有一些是純粹的大乘佛教典籍，而這些典籍是上座部佛教不認可的。由於不同的經藏使用不同的語言，所以某些佛教術語的書寫方式也有所不同，上座部佛教傾向使用巴利文，例如 sutta（經）和 dhamma（法），而大乘則使用梵文（sutra／經、dharma／法）。

此外，有些宗派，例如禪宗，可能會強調禪定是修行的關鍵，有些則是藉由誦經來修禪定，也有一些宗派是根本不重視打坐修定。

當人們談到佛教，我經常聽到禪這個字。到底什麼是禪？

禪宗是大乘佛教的一支，起源於西元六世紀左右的中國，然後傳播到日本及其他地方。值得注意的是，禪宗非常注重修習禪定，包括廣義的「坐禪」（zazen），或稱「打坐」。許多在西方非常著名的佛教師父都出身這個宗派，這就是為什麼有一些西方人會認為禪是佛教的同義詞，或甚至用禪這個詞來表示「平靜」、「放鬆」或「活在當下」。

佛陀不廢話

佛教是如何傳到西方的？

　　在 1800 年代中期，因為中國移民的關係，佛教開始傳入美國，同時，也有許多到過亞洲探訪的美國人和歐洲人，將佛教經典與思想帶回自己的國家。之後，佛教的思想概念便開始出現在一些作家的文學作品中，比如：美國詩人惠特曼（Walt Whitman）、梭羅（Henry David Thoreau）以及愛默生（Ralph Waldo Emerson）等。1800 年代後期，包括淨土宗和禪宗在內的幾個日本佛教宗派開始在美國逐漸成形，到 1950 和 60 年代，在洛杉磯和舊金山都建立了禪宗中心。美國好幾位靈性追求者，比如約瑟夫‧戈爾茨坦（Joseph Goldstein）、傑克‧康菲爾德（Jack Kornfield）、莎朗‧薩爾茨伯格（Sharon Salzberg）、喬‧卡巴金（Jon Kabat-Zinn）以及其他人，也對佛教和東方哲學產生興趣，並開始提倡新的修行方法，用禪定的修練來作為身心保健和減輕壓力的工具。

　　比較近期則有李歐納‧柯恩（Leonard Cohen）、李察吉爾（Richard Gere）、赫比‧漢考克（Herbie Hancock）、菲爾‧傑克

遜（Phil Jackson）以及蒂娜・特納（Tina Turner）等名人和藝術家，公開分享佛教對他們生活和工作的影響，佛教因此愈來愈受大眾歡迎。到今天，佛教在西方已經不再是小眾。有數以千計的美國人和歐洲人因為學佛而皈依佛教，或是將佛教的教導作為一種生活哲學來實踐。

第二部

核心概念

Core Concepts

學習內容：在這一篇，你會學到貫穿佛教思想和法教的一些關鍵概念，例如：苦、無常，以及開悟。了解佛教的核心思想，你就能更深刻明白我們該如何善用這些概念，讓自己活得更平靜、安心，並以慈悲心來對待他人。理解這些基本概念，有助於你透過本書及其他書籍深入探究佛教。

佛陀開悟後成為一位偉大的導師。
但什麼是開悟呢？
任何人都可以開悟嗎？

開悟是佛教所有教導和修行的最終目標，佛陀的法教是：任何人——對，就是你！——都可以開悟解脫。這就是佛教之法教和修行的目的——幫助像你我這樣的普通人，依此道路抵達這個目標。佛教的開悟概念不是屬於頭腦知識上的開悟；而是親身經驗。這有點像成為父母這個角色：如果我回到過去，試著向年輕的那個自己解釋身為父親是什麼感覺，我一定無法用語言充分傳達。在我真正成為父親這個角色之前，我無法想像成為一名父親會是什麼感覺。同樣的，除非你自己證悟，否則你無法真正了解開悟是什麼。話雖如此，還是有人將這個經驗描述出來，為我們指引開悟經驗的方向。佛陀說：「大海唯有一味，即是鹹味。同樣，佛教亦祇一味，即解脫之味。」（《無問自說經》第五品，Udāna 5.5）。開悟就是從我們的習慣反應中解脫出來，從我們的知覺概念和想法中解脫出來，去看事實原本的樣子，而不會期待它是另一種模樣。

我想更進一步說，開悟就是，從你想要追求開悟當中解脫出來。只要我們對於「什麼是開悟」還存著任何概念，就會妨礙我們實際去經驗它。換句話說，開悟不是你得到或找到什麼東西；而是你重新發現到，你原本已經「是」的存在狀態，它只是被我們編造的故事和錯誤概念所蒙蔽。佛教教導我們，開悟是我們的真實本性。不是我們要去「變成」什麼，因為它就是我們原本所是。我們要做的就只是去明白這件事。

覺悟這個詞呢？
跟開悟有什麼不同？

　　包括某些佛教徒在內，有的人會認為覺悟（awakening）和開悟（enlightenment）這兩個詞基本上是指相同的事情，但我的見解略有不同。我認為，開悟是親身經驗和明白到實相原本如是，沒有受到概念、想法和觀念的影響和蒙蔽。而覺悟，則是用這種新的眼光去看待生命的這個「過程」。我認為覺悟是一條修行道路，過程當中會經歷各個不同階段和層次，而最終我們的視角會徹底翻轉，那便是開悟時刻。

　　這個概念是來自一個著名的公案（koan，禪宗學人用來禪修的一種悖論性陳述），它說，你只要通過「無門關」（a gateless gate，無門之門），就能進入這個覺悟狀態。這是一個看似簡單、實則相當深刻的教導：只要你認為還有門存在，你就無法進入覺悟狀態。你能進想它，是因為你徹底明白到根本沒有門；你原本就一直是覺悟的。當你徹底體悟到「沒有那裡」，那一刻你就到達「那裡」了。你是因為錯誤的觀念才看不見這個事實，你誤以為自己一直都在門外。從某個角度來說，當你徹底明白你並不需要被喚醒，你就覺悟了—— 你需要知道的一切，你內心早已具足。

佛陀不廢話

佛教對善惡的教導是什麼？

　　從佛教的角度來看，善惡（good and evil）並非原本就存在於外部宇宙世界的力量；相反的，它們是我們內在的心態。佛教教導我們要向內看。在那裡，我們可以找到我們所說、所想和所做的一切美善事物的源頭，同時也會發現，我們自己——我們自己的心——也是一切邪惡的源頭。這種理解使我們對自己的思想、言語和行為產生更大的責任感。

　　佛教並不認為惡是外部作用在我們身上的，而是告訴我們，貪（貪欲）、瞋（瞋恨）與癡（無知無明）才是我們所認為的「惡」的根源。佛教把這三樣東西合稱為「三毒」（three poisons）或「三火」（three fires）。三毒對我們生命帶來的挑戰是，它們會驅使我們向外看，拚命向外尋求快樂或逃避痛苦。因為外在的東西，比如金錢、名譽或權力，並不能為我們帶來持久的快樂或滿足，因此如果你努力去追逐它，勢必遭遇不必要的苦。物質上的東西可以帶來短暫的美好，但我們真正追求的快樂與安心滿足感，是無法從外部得到的。

為什麼佛教會認為愚癡無明是毒呢？對事情無知有什麼錯嗎？

從佛教的角度來看，愚癡無明是毒，具體而言是指對實相的本質缺乏了解。因此，舉例來說，當我們認為事物是恆常不變、而且可以不依靠其他事物獨立存在時，我們便無法看到事物的真實面目——無常和緣起相依。就是這種對於實相的誤解，使我們痛苦加劇。

愚癡無明最危險的展現是，我們相信有一個能夠獨立於他人和世界、甚至恆常不變的自我存在。執著於這種虛假或無知的自我意識，而且想要去保護它，結果就是導致貪婪和嗔恨之心。無明是一種毒藥，因為它會蒙蔽我們，使我們看不見事物的本來面目，而如實看見事物的真實面目卻是達到開悟所必須的。對治無明的解藥就是智慧——了解實相和自我的本質之智慧。

猶如水滴於荷葉
猶如紅蓮不著水
如斯牟尼諸見聞
又對覺法無染著

佛陀
《經集》
THE SUTTA NIPATA

為什麼貪欲是毒藥？
想要吃美食、開好車有什麼錯嗎？

貪欲（Greed）是一種心理狀態，當我們想要得到更多、無論事情可不可能達到、也不管會為別人帶來什麼傷害，這種心理狀態就是所謂的貪。它之所以是三毒之一，是因為它會對我們的心產生作用力。我們常常會有一種錯誤觀念，認為只要得到我們想要的東西——金錢、名望、權力——我們就會真正快樂，而且保證永遠不會再感到痛苦。然而，貪欲並不僅是指有形物質。我們也常常想改變別人，好讓自己得到更多東西，比如關心或喜愛。我們誤以為，一旦我們改變了別人，我們就會找到持久不變的幸福和快樂。

對治貪欲之毒的一個善巧方法是：試著去了解它。試著去檢視那些我們渴望擁有的東西，然後問自己：「為什麼？」。為什麼我對這個東西或那個人有如此強烈的渴望？為什麼我覺得非得得到這個或那個不可？這並不是說欲望本身有什麼錯，而是要說，當我們沒有深入去了解自己的動機、不清楚自己是因為什麼原因而渴望擁有某些東西時，我們可能會被它蒙蔽了雙眼。如果只是聽從我們內心的欲望，而沒有花時間去了解它們，很可能會導致破壞性的行為和精神混亂，這就是為什麼貪欲被認為是一毒。

為什麼嗔恨是毒藥？
內心有仇恨感是錯誤的事情嗎？

　　嗔恨（Hatred）指的是，當我們覺得自己想要的東西受到阻礙，因而想要去傷害那個造成阻礙的人或事物時，我們內心的那個感受──也就是說，任何對我們實際、或可能構成某種威脅的人或事物，我們所生起的一種仇恨感。佛教說嗔恨心是一種毒藥，是因為它很容易就把我們所有的時間和精力消耗殆盡。我們無法把嗔恨心從我們身上去除；為了擺脫嗔恨的束縛，我們必須用不同的眼光來看待發生在我們身上的事情。

　　從佛教的角度來看，放下嗔恨其實跟道德無關。嗔恨心的問題不在於道德上的對或錯。而是，執著於嗔恨就是一種不智的舉動，因為它會為我們自己和他人帶來不必要的痛苦。嗔恨這種心理狀態，比起被仇恨的對象來說，擁有嗔恨心的人其實負面影響更大。因此，嗔恨心並沒有錯；事實上，偶爾出現這種情緒也是很自然的。但是，我們應該試著去了解，為什麼我們內心會出現這種感覺，這樣才是明智的。嗔恨心之下是否還藏著什麼情緒呢？悲傷、孤獨或是脆弱的感覺是不是也會讓我們出現嗔恨心？佛教不是要我們去逃避自己所感受到的真實痛苦，而是鼓勵我們去接納擁抱真實的情緒感受，包括我們內心

出現的任何瞋恨。我們要努力去了解導致瞋恨心產生的原因和條件，轉向內在去了解自己的心，而不是任憑內心的衝動做出傷害性的舉動。

佛陀不廢話

覺照時刻

　　什麼是覺察／覺照，如何時時保持在覺察狀態？容我舉個自己生活中的例子來說明。有時候我會擔任校車司機的替補工作。從我送完高中生到我回來接小學生去學校，中間大約有15分鐘的空檔時間。我通常會利用這段時間練習冥想。

　　有一天早上，在那段空檔時間，我問自己兩個練習問題：「我現在人在哪裡？」以及「我現在在做什麼？」這兩個問題看似簡單，但如果你認真思考，可能很難答得出來。因為無論我們人在哪裡、在做什麼，我們總是在想著另一個地方、或想著其他事情。這兩個問題經常幫助我深入思考我現在人在哪裡，讓我可以安住於當下。

　　以這個例子來說，我是坐在校車上。我可能會出現在很多地方，但那一刻我就是在校車上。當我感覺到當下這一刻的存在，我問自己第三個問題：「是什麼條件促成了當下這一刻的發生？」我開始在腦中思索那些促成我能夠感覺到當下這一刻的人們和過程。我看著校車上駕駛人與學校和其他校車司機溝通的對講機。我看著鏡子，想著製造這面鏡子所需要用到的

材料和人力。我看著校車車頂上的鉚釘，以及各種不同的控制面板和按鈕，思索著它們是如何連接在一起。這個過程可以一直不斷往下思考，不限於當下此刻。我思考著，剛剛在我出發去接學生之前，鎮上發生的每一件事情。孩子們起床醒來——可能是被鬧鐘或手機叫醒。他們的父母親喝著咖啡——那咖啡是從哪裡來的？我想到咖啡農和他們的莊園，突然間我發現，這整個過程真是複雜到不可思議，是一連串複雜的事件、進行了很長一段時間，我現在才能開著車，到每一個孩子家裡，把車門打開，讓孩子上到車裡。

　　將整個思考過程稱為覺照時刻（moments of awareness）。以佛教的觀點來說，這些時刻讓我們能夠與事實的本來面目接觸，即使時間非常短暫，跟我們在自己頭腦裡喋喋不休編織故事完全不一樣。不僅如此，覺照時刻會讓我們內心升起巨大的感恩和敬畏感，而且你隨時隨地都可以做這個練習。你可以試著這樣問自己：「我現在人在哪裡？我在做什麼？是什麼條件促成當下這一刻的發生？」

某些宗教認為，人性本惡，因此人必須藉由遵循一套信念或修行方法，才能克服那個惡劣根性。以佛教的觀點來說，人的本性是善還是惡呢？

　　從佛教的觀點來說，人的本性既不是善、也並非惡，但一切眾生都具有潛在可能性，能夠去發現自己內在的良善和慈悲心，也就是所謂的佛性。它的主要想法是，我們人天生就是社會性生物，能夠彼此友善和相愛。從我們出生的那一刻起，我們就完全仰賴他人的良善和慈悲而活，比如我們的父母或照顧者。但隨著時間變化，我們的心智頭腦也受到來自家庭和社會觀念及概念的制約。我們學習到一些概念，比如：自我與他人、我們與他們、對與錯、善與惡——這些概念將我們對外部世界和我們自己的知覺想法劃分為不同的兩個類別。這種二分法的概念蒙蔽了我們的佛性，也就是我們與生俱來的良善、慈悲以及與他人和世界的相互連結感。

　　來說個故事：在泰國，一座寺廟裡的僧侶為了不讓入侵的軍隊把黃金佛像帶走，於是用泥土把佛像整個包覆起來。軍

隊入侵寺廟之後，僧侶全數被殺害。過了很多年，一批新的僧人住進這所寺廟，而那座金佛還包覆在泥土裡。有一天，新來的僧侶認為時辰已到，應該將這座泥土佛像重新安座定位，結果，在搬動過程中，突然一塊泥土從佛像身上掉下來，眾人才發現，原來泥土底下是一尊金光閃閃的純金大佛。

這個故事的象徵意義是：佛教徒認為，我們每一個人內在都本具覺知、良善以及慈悲的本性。為了能夠見到我們自己和他人的這個內在本性，我們必須剝去外層的泥土——也就是一切蒙蔽我們、讓我們看不見事物真相的那些想法、觀念、以及信念。

根據佛教的觀點，何謂事實真理？在這樣的世界觀裡，是否有什麼東西是絕對真實、或是絕對虛假？

　　佛教的教導是，有一些事實真理，是無論我們相信與否，它們本來就是事實；然後，有一些事實真理，是因為我們相信它們是事實，所以它們是事實真理。舉例來說，當室外溫度降至攝氏 0 度以下、而且空氣中水分充足時，就會下雪而不是下雨。不管我們相信與否，這都是事實。另一種情況，黃金比白銀更有價值，這是事實，但這只是因為我們共同相信並認定這是事實。如果地球上沒有人類，黃金和白銀本身的價值並無差別，這就是一種概念上的事實真理。

　　我們生活在一個充滿概念真理的世界中，但我們很容易忘記這件事。我們這個極其複雜的社會、政治、金融和宗教系統，全都得仰賴共同商定的信念而存在。除非我們共同認定一張紙或一塊金屬具有真正的價值，否則我們將無法用紙鈔來換取麵包和牛奶等商品。但是，一張百元鈔票是有價值的這個事實，跟雪的存在這個事實，是不同的。

　　這種佛教對事實真理的理解，全部包含在瞎子摸象這個比喻中。六位盲人根據他們所摸到的東西來描述一頭大象。其

中一個人摸到尾巴，於是他認為大象就是像繩子一樣的東西；另一個人摸到樹枝，他認為大象就像一條蛇。其他人也根據他們摸到的部分，說大象就像樹幹（大象的腿）、扇子（大象的耳朵）、一堵牆（大象的身體側邊）以及一根長矛（象牙）。每個人都很肯定自己摸到的大象才是真正的大象，他們無法了解其他人所描述的也是大象——而事實上，所有的描述都並不準確，因為那些都只是大象的一部分。佛教告訴我們，我們都是從自己的單一角度在看事情，就像瞎子一樣，無法看到所有的角度。我們因為受到時間和空間的局限，在此時此地形成了單一的觀點。

不過，佛教也告訴我們，有一些絕對或普遍的事實真理，不受空間和時間的限制，也不受人類共同協議之約束。佛陀教導我們，生命具有三種共同特徵，也就是所謂的為「三相」（three marks of existence）：dukkha（苦）、anicca（無常）和anattā（無我）。這三個概念，構成了佛教的真理之核心。

佛教徒說一切事物都是「無常」，這是什麼意思呢？

　　佛陀教導我們，無常、苦、無我，是生命存在的三相。實相的本質就是一切事物都在不斷變化，因此一切事物都是無常。工作、人際關係、順利時、不順利時、我們的想法和感受、我們所愛的人、我們自己——我們所知所感的一切——都會消逝。問題是，就算我們知道這件事，還是繼續執著於事物，以為它們是永久不變的，因為我們希望它們長久存在。當觀察周遭世界——城市街道和建築、樹木和湖泊——我們認為它是堅實且固定不變的。我們理智上知道，總有一天那些樹木會死亡，那些建築物會倒塌，但我們依然認為它們會永久恆常存在。

　　佛教教導我們，無常有兩種：粗分無常（Gross impermanence）和細分無常（Subtle impermanence）。「粗分無常」是指較大範圍的無常現象，比如：東西會腐爛、人會死亡、帝國興起又衰亡、社會規範改變和演進等等。這是我們周遭世界可以看到的那種無常。萬物如雲生起，短暫停留，然後消逝。同時，還有所謂的「細分無常」，是較小規模、瞬間的變化。就在這一刻，隨著

你體內細胞的死亡和再生，你的身體正在發生變化。從這一刻到下一刻，你已是不同的人。當我們不再將自己看作固定不變的、似乎永久存在的實體，我們就可以開始看到真實的自己：其實就是無常與瞬間經驗的集合。

當我們開始了解無常的本質，我們對於結果和期望的執著就會開始減少。這並不表示我們很容易就能接受突然失去工作或失去所愛的人。它的真正意思是，當我們學會如實看待每一件事物，我們就比較能夠心平氣和接受失去的痛苦：失去是生命過程自然而然的一部分，我們不需要與它對抗。當我們了解一切事物都是無常，我們就能夠開始在事物消逝的每一個瞬間找到意義和喜悅。

我聽說佛教徒認為生命是苦。這是否表示他們認為生命一切都是不好的？他們說的「苦」這個字是什麼意思呢？

佛教徒認為，「苦」本來就是生命的一部分——所以苦也是生命存在的三個共同特徵之一。但這並不表示佛教徒認為生命一切都是不好的。巴利語所謂的「苦」dukkha，也被譯為「不滿意／不滿足」和「痛苦悲傷」。「苦」這個概念似乎很難直接翻譯成一個英文單詞，但我們一定要去了解它，因為佛教的很多哲學概念都是依據苦的概念而建立起來的。

佛教教導我們，苦分為三種。第一種叫做「苦苦」（the suffering of suffering，身體病痛之苦）。這是我們經常遇到的一種自然形式的苦。意思大概類似英文裡面的 pain（疼痛／病痛）這個字。當我們腳趾頭受傷、因腸胃不適而整夜無法入眠，或是因為年歲漸增身體出現病痛，都是屬於這種苦。

第二種苦叫做「壞苦」（the suffering of loss，事物崩壞失去之苦）。例如，當我們失去工作、失去所愛的人，或是失去

青春和活力，我們所經歷的就是壞苦。這種形式的苦也是自然的，就像「苦苦」一樣，它通常跟特定的外在環境條件有關。

　　第三種苦叫「行苦」（the all-pervasive suffering，變幻無常之苦），這是佛教最關切的一種苦。與前兩種苦不同，行苦是我們加諸在自己身上的，它通常源於對事實的無知或妄想。而且它通常跟我們的實際外在環境關係不大，卻與我們如何感知和解釋外在環境有很大關係。

　　我們對身體形象的觀念就是一個很好的例子。廣告、電視和電影不斷在強化我們文化中所謂「理想身型」的主觀概念，結果整個社會就開始集體相信，確實存在著一種理想的身型或外觀。實際上，這種理想化的身體形象只是我們編造出來的。但是我們大多數人因為沒有意識到這種似是而非的「事實」是如何被建構出來的，因此當人們認為自己沒有達到那個理想狀態，他們就對自己的外表感到不安或痛苦。

　　這種痛苦是我們加諸在自己身上的，是因為觀念或概念而產生的，而不是環境本身造成的。如果我們不持有錯誤的觀念，苦就不會存在。通常我們很難察覺「行苦」的存在，因為它需要我們仔細去審視我們根深柢固的觀點、想法和信念。但是，如果我們能夠這樣做，我們就能夠從我們加諸在自己身上的苦之本質得到洞見和智慧。這也是放下它對我們的束縛的第一步。

佛陀不廢話

佛教所謂的「無我」是什麼意思？
很明顯有一個「我」存在啊！
我現在不是坐在這裡讀佛書！
佛教徒認為「我」不存在嗎？

與「苦」和「無常」一樣，存在的第三個特徵是「無我」，巴利語是 anattā，英文譯為 nonself 或 no-self。佛教所謂的「無我」，並不是指你這個人不存在；它的意思是，你並不是你所認為的那個你，因為任何事物都沒有一個原本就存在的核心。換句話說，萬法皆是因為緣起相依、相互關連而存在，事物的存在並非因為它們本身就是一個永久存在或獨立存在的實體。一切都是相互依存。這個概念背後的主要思想是，我們往往習慣將事物——包括，或者說，尤其是將我們自己——視為獨立的存在。我認為自己與他人是截然獨立的個體，而他人也跟我截然分離。諷刺的是，我們每個人之所以存在，基本上是因為別人的行為結果才存在，這個別人就是我們的父母。我們自己根本沒出到半點力氣，只是因為某些因緣條件，才讓我們此時出現在此地。一切事物皆是如此。每一件事情的出現都有其因緣和條件；沒有一樣事物是獨立存在的。

核心概念

我大學畢業後進入直升機飛行學校接受好幾年的訓練，所以我可以用第一手經驗告訴大家，當你駕駛直升機，你必須不斷使用你全部的四肢來操作各種按鈕、拉桿、控制桿以及油門來控制直升機的速度、方向和高度。並不是只要將這些東西鎖定在固定位置，就可以輕鬆翹腳。你必須不斷調整所有控制項目，以保持飛機可以在空中順利飛行。佛教所教導的「無我」，也是用類似方式在看待生命體。我們一直在做調整，所以也沒有一個固定的、永久不變的我們，只有不斷變化之因緣條件的組合。肚子餓的那個你是你？還是剛吃飽的那個你是你？得到充分休息的那個你是你？還是過去一個禮拜為工作忙碌勞累而睡眠不足的人才是真正的你？那個在充滿愛的家庭中長大的人是你？還是在孩提時經歷過創傷的人是你？佛教的無我思想告訴我們，沒有一個永恆或固定不變的你——只有一個由緊密相連、變換無常的因與果構成的網。

哪個我才是真正的我？

當你看著一輛汽車，你可能只單獨看到這輛汽車，認為它是獨立於周邊事物而存在的一個物體。但事實是，這部汽車是依靠各種局部零件和製造過程才得以存在。如果你把它的所有零件都拆解下來，將它們全部攤開在停車場上，你根本無法指稱任何一個零件叫做汽車。這輛汽車的任何一個組成零件——無論是引擎、輪胎或是後視鏡——都不是汽車。汽車是所有這些局部零件的總和。

你不妨自己試試看。把一樣東西拆解成一個個小零件——如果是一支鋼筆或原子筆之類的東西，你可以實際上把它拆開，如果是汽車之類的東西，你可以用想像的。你馬上會發現，所有事物都是依靠因緣條件而存在，是每一個局部零件組合起來才使那樣東西成為它現在的樣子。當我們了解到這一點，我們對這個世界的觀點就會大大改變。我們會開始看見，我們自己是依賴於其他東西才成就現在這個自己。我們是我們所有局部的總和（而且我們自己也是家庭、社區以及社會的一部分）。

試著問自己：「哪一個我才是真正的我？」這個問題幫助我提醒自己，沒有一個永恆存在、固定不變的我。只有一剎那的我，它不斷在變化，同時也因周遭的一切而產生改變。現在這個我並不是昨日或五年前的那個我，也不會是五年後的我。這就是佛教對於「無我」的教導。

諸法意先導，
意主意造作。

佛陀
《法句經》

什麼是「不執著」？為什麼它在佛教中很重要？意思是我不該依戀對我來說很重要的東西嗎？比如家庭。

　　我最常聽到的一個關於佛教的誤解是，佛教告訴我們必須捨棄一切身外之物，比如財產、朋友家人或願望期待等等。佛教的真正教導並非如此。佛教教導的是「不執著」（nonattachment）這個概念，它跟「捨棄」（detachment）不一樣。

　　要更清楚了解「不執著」這個概念，我們必須先知道，「執著」要成立，需要兩樣東西：執著的人和執著的對象。但是，正如我們剛才講到的，事實上根本沒有一個「我」在做「執著」這件事。佛陀的法教告訴我們，是因為無明知見，才讓我們認為有一個獨立存在的「我」，我們才需要去執著「其他」事物，比如：人、情感關係和有形物質。換句話說，當我們活在「認為有一個永久且獨立存在的我」這樣的虛妄幻想中，我們就會產生執著。一旦我們澈底了悟到無我的真相，我們就能不執著。

想想我們有哪些職銜、觀念、政治觀點和意見等等，我們是如何給自己貼上這些標籤，然後對那些東西產生執著依戀。我們把這些概念緊緊抓著，深深認同它們，甚至只要這些東西受到攻擊、或是失去這些東西，我們就感到無比痛苦。我們總是習慣性認為，要嘛就緊緊抓住一個想法，要嘛就完全捨棄那個想法。佛教提出了一個不同的選擇：我們可以「不執著」於我們的想法。不需要完全捨棄那些標籤和想法，只要把手鬆掉，不要死命緊緊握住那些東西不放就可以了。當有人攻擊我們的想法或觀點時，我們可以看清，他們攻擊的是那個觀點想法，而不是攻擊我們。當我們不執著於我們的觀念想法，它們就不再能占有我們——而是我們擁有它們。

佛教徒所說的「空」是什麼意思？意思是說生命沒有任何意義而且空虛嗎？

　　佛教對空性的理解是，一切事物本身並不具任何意義，除非我們賦予它們意義。現實世界就像一張空白畫布，直到畫家出現並在那個空白畫布創作一些東西之前，它空無一物。

　　語言文字是一個很好的例子，可以用來說明事物本空，但我們依然認為它充滿意義。你所知道的每一個單詞其實都只是聲音的組合，它本身並不具備任何意義，直到歷史上某個時刻有人決定，某個特定聲音應該具備特定涵義。如果我們不對我們發出的聲音賦予意義，它們就只是聲音而已。從佛教的角度來看，一切事物也是這樣：本身是空、不具固定涵義。這並不是說它們毫無意義；而是說，那個含義是我們賦予的，我們是事物意義的賦予者，不是事物本身具有什麼本來涵義。也正因如此，我們才能用它來創造故事。

　　佛教有一個非常精彩的寓言故事，相當能夠說明這個概念：有一天，一位老農夫在田裡耕作，田間突然間出現了一匹馬。農夫的鄰居跑過來，大聲驚呼：「你真幸運！居然有一匹馬從天而降，這匹馬是你的了！」

佛陀不廢話

農夫回答：「是福是禍誰知道呢？」

第二天，農夫發現這匹馬衝出畜欄逃跑了。鄰居又跑過來大聲驚呼：「你真倒霉！你的馬不見了！」

農夫也只回答：「是福是禍誰知道呢？」

當天稍晚，這匹馬帶著另外四匹馬出現在農夫田裡。鄰居又再次把它解釋為農夫運氣好，農夫還是回答：「是福是禍誰知道呢？」

後來，農夫的兒子騎馬時從馬上摔下來，把腿摔斷了。「真倒霉，」鄰居說，「你只有這個兒子，腿卻斷了！」

但農夫還是回答：「是福是禍誰知道呢？」

翌日，大軍進城招募士兵去打仗，農夫的兒子因為斷腿無法被徵召從軍。鄰居又跑過來說：「你真幸運。我家兒子被軍隊帶走了，但你兒子因為腿斷掉可以不用當兵。」

這位鄰居突然打住，和農夫異口同聲說出：「是福是禍誰知道呢？」

這就是空性。它是一種對於生命的了解，生命如是無常開展，本身並無固有的意義。這既不是積極也不是消極，一切事物只是如實而是。

佛教對死亡的理解是什麼？
佛教認為有來世嗎？

　　回想一下第一部當中的毒箭比喻，你應該記得，佛陀從未回答過我們經常想要知道的存在主義問題。依據佛教的觀點，生與死並非代表開始和結束；生與死並無分別。死亡只是我們這一世從出生之後一路走來到達某個最高點，但生命的過程是早在我們這一世出生和死亡之前就已經開始，而且之後還會一直延續下去。

　　生命很像音樂，而我們的人生就像歌曲。每一首歌都有第一個起始音符、也有最後的結尾音符，就算歌曲結束了，音樂本身還是存在，無論播放的是什麼歌曲。歌曲之所以美妙，就在於不同音符的不斷組合變化，包括代表一首歌結束的最後一個音符。

　　死亡代表我們熟知的東西結束了，我們經常對於超出我們自己生命之歌最後一個音符的未知音樂感到不安或害怕。但事實上，沒有必要害怕死亡，雖然這可能是這一首歌的結束，但並不是音樂的終結。

了解無常和緣起相依的道理，可以提醒我們，出生不是開始，死亡也不是結束，這樣我們就能減少對於死亡的恐懼。每一個開始都有一個結束，每一個結束也會產生另一個新的開始。從來沒有真正的起點或終點；只有無常變化。

　　因此，與其關注死後的生命，不如選擇關注死前的生命——也就是我們現在這一世的生活。與其猜測我們死後會發生什麼事，不如將自己安住在當下。

佛教徒相信輪迴嗎？

佛教徒相信輪迴，但它跟你想的那種輪迴可能並不一樣。傳統的輪迴概念是：你（也就是某種靈體或靈魂）繼續棲居於一個新的有形肉身之中，無論它是人、是動物還是植物。雖然有一些佛教宗派的輪迴觀比較接近這種輪迴，但它並不符合另一些佛教宗派對於無常和無我概念的理解。我們每一個人每天都在變化，甚至每時每刻都在經歷重新出生。正在閱讀這一頁文字的你，跟那個將要閱讀本書最後一頁的那個你，其實並不是同一個你。如果根本沒有一個恆常不變的你，那究竟是你的哪一部分在死後輪迴轉世的呢？

然而，當我們觀察大自然，我們卻看到事物不斷在重新出生。畢竟，根據物理學的能量守恆定律，能量不能無故生成，也不能無故摧毀；它只能從一種形式轉變為另一種形式。雲朵改變形式之後變成雨，雨水變成河川的一部分，流入大海，然後因為受熱而蒸發到空中。在那裡，它可能會變成一朵雲，並開始一個新的循環過程。曾經一度是雲的東西，後來改變形式

佛陀不廢話

變成另一個新的東西。當雲朵改變它的形式變成雨滴，我們並不會說這朵雲死掉了。我們真的跟雲有什麼不同嗎？當我們死亡，我們的肉身開始分解，然後改變形式成為大自然的一部分，但它們並沒有從此消失不存在。佛教徒相信，人類和自然界中的其他一切事物一樣，是不斷變化的迴圈的一部分。

你可能聽過這種說法：佛教修行的終極目標是超越輪迴，證入涅槃。這是真的，但不同的宗派對這個思想概念的詮釋也各有不同。就我們的目的來說，我們甚至還不用去思考到如何超越輪迴，只要先確實了解，死亡和重生是一個持續不斷的循環，這樣就夠了。

你也正邁向死亡

幾年前，我的好朋友兼商業夥伴為我上了一堂很棒的生命課程。他被診斷罹患惡性黑色素瘤第四期，醫生告訴他，生命只剩下幾個月可活。他的病情愈來愈惡化，我問他：「知道自己快死了，是什麼感覺？」他只對我咧嘴一笑，說：「你也可以告訴我啊！你不是也快死了？」他還真的沒說錯呢。我們都正在邁向死亡；每一個人都是。

佛教教導我們，思考死亡是一種有智慧的生活方式。我們不需要把時間花在山洞裡閉關打坐來為死亡做準備，也不需要等到經歷失去所愛之人（甚至是自己得了絕症）才突然被打醒，應該要好好過生活。我們可以從當下此刻開始就讓生命變得有意義，因為了解到生命的意義並非向外去追求，而是在你身上，只等著你創造出來。

我喜歡使用以下這個小技巧，讓死亡成為我心中時時刻刻存在的主題。試著問自己：「如果我知道今天是我這輩子的最後一天，那我今天跟每一個人互動的方式是不是會改變？」接著角色互換，反過來再問自己一次：「如果我知道此刻正在跟我講話的這個人只剩下一天可活，我會改變我跟這個人的互動方式嗎？」

今日當精進，勿待明日遲。
死亡不可期，吾當如何置。

佛陀
《勝妙獨處經》

業力概念跟這些法教內容相符嗎？
佛教不是教導我們輪迴無始無終？
因果報應算是一種宇宙正義嗎？

業力（Karma）是佛教最為人熟知的概念之一，但也最容易被人誤解。無論是梵文的 Karma 或巴利文的 kamma，這個字都單純意指「行動、行為」。大多數西方人會認為，業力就是一種命中注定，或認為業力是一種宇宙正義——如果你做了壞事，老天爺最後一定也會讓壞事報應在你身上。佛教所說的業力，完全不是這麼回事。業力純粹就是因果法則。它的背後並不存在著正義、智力或是道德體系的思維，也沒有懲罰或獎賞機制。業力並不是「如果我做了一件好事，我就能得到好的回報」，它比較接近這樣的概念：「如果我做了某些事，那麼某些事就會發生」。業力並不是什麼神祕玄虛或隱密不宣的東西。它是你所做出的行為、行動，而不是結果。

當你開始了解世間實相的本質，知道一切事物都是緣起相依、相互關連，你就會開始看見，業力就在你身邊運轉。舉

個例子，假設有人與她的同事發生爭執，然後她開車回家路上依然心情不好，所以有點挑釁，故意緊逼著前面那輛車。現在換成被逼車的那個人很生氣，回到家發現他的孩子把東西丟了滿地，就衝著孩子大聲咆哮。你可以看到，一個行為是如何影響另一個行為；這就是業力的運轉。不管任何時候，我們都有可能因他人的行為而啟動我們的業力循環。了解業力的概念，最根本的用意在於，我們知道自己可以停止和打破這種反應性的循環。當你察覺到，你就可以停下來，並用自由意志去選擇一個更善巧的行為，來終止我們身邊這種無止盡循環的因果羅網。

可以是「不可知論者」或「無神論者」，但同時又是佛教徒嗎？

　　佛教是無神論的傳統，這意謂著，並不需要相信有一位神靈存在，才能遵循這些法教或從法教中受益。有一些佛教的文化傳統會談到神祇、魔鬼以及跟神有一樣特徵的非人存有，但根據佛陀的法教，並沒有一個至高無上的造物主存在。坦白說，有神論的問題──世上是否有一神或多神──跟佛教完全無涉。

　　如果想解決這個問題，比較好的方法可能是問自己：「我的信（或不信）是否蒙蔽了我，使我無法看見和領悟世間真相？」我們的頭腦中早已塞滿各種信念、結論、判斷還有我們自己對所謂世間「真相」的看法。我們通常對我們已知的東西比對學習新東西更感興趣。如果我相信有上帝存在，而實際上並沒有，無論這是多麼明顯的事實，我也看不見它，因為我被自己的信念（認定上帝存在）蒙蔽了眼睛。同樣的，如果我相信上帝不存在，那麼就算上帝出現就在我面前，我也無法看見，因為我相信沒有上帝。

不可知論（Agnosticism），就是對於是否有上帝抱持不可知的立場，這種態度在我們學習覺悟的路上非常重要。在佛教中，「不知道、未可知」（not knowing）是一種理想的心理狀態，因為這樣我們就能對學習和經驗保持開放態度。許多佛教徒不僅對上帝持不可知論態度，同時對許多生命存在問題也抱持不可知論。這也是禪宗所說的「初學之心」或「敞開之心」。

　　有一個關於禪宗的故事。一位學人去拜訪一位著名禪師，學人開始滔滔不絕講述他所知道的禪，禪師則靜靜倒茶，學人杯子裡的茶都滿出來了，禪師還是不停地倒。學人看著杯水已經溢出來，急忙說道：「杯子已經滿了！不能再倒了！」

　　「這就是你。」禪師回答，「除非先空掉你的杯子，否則我如何為你說禪？」

　　同樣道理，我們的觀念信仰——無論是有神論還是無神論——都會使我們看不到世間真相。但是當我們擁有真誠開放的心態，我們就能保持好奇和探究之心，讓我們學到一些新的東西，一些我們甚至不知道我們不知道的東西。

69

佛教與世界其他主要宗教有何不同？
一個人可以是佛教徒，同時又是
基督教徒、猶太教徒或其他教徒嗎？

佛教與世界其他主要宗教的重要差異之一是，大多數宗教都專注於解決龐大的生命存在性問題（我是誰？我為什麼在這裡？我死後會怎樣？有沒有上帝？或是萬事萬物背後有沒有一股創造力的原力？）佛教則是專注於解決問題本身。它是把問題倒過來，然後提出反問：「為什麼我想知道這些問題的答案？」、「想要知道我是誰的那個『我』，又是誰？」等等這類問題來探究生命的存在性兩難。從這個角度來說，佛教與其他宗教並非真的有多大不同，因為它並沒有給出與其他宗教相衝突的答案。此外，有些宗教注重善與惡的外部根源，比如上帝和魔鬼，但佛教認為善惡乃存在於我們內心，心是一切的源頭。

《佛教智慧：開悟之道》（Buddhist Wisdom:The Path to Enlightenment）這本書中引用了達賴喇嘛尊者的一句話：「不要試圖用你從佛教學到的東西讓自己變成佛教徒；而要用它讓你變成一個更好的自己。」我個人有認識一些佛教徒是無神論者，也有一些佛教徒是基督徒，而且佛教徒不會用任何意識形態或宗教標籤來貼在自己身上。佛教就像瑜伽一樣，是讓你來修習的；它是關乎你做了什麼，而不是關乎你是什麼。

佛陀不廢話

以前及現在，
我乃施設苦與苦之滅。

佛陀
《相應部》

真的很有趣，但又有點抽象。 這些佛教概念可以為我的日常生活 帶來什麼改變呢？

幾年前，我的妻子生下我們的第三個孩子，是個女孩。當我把她抱在懷裡，我情緒非常激動，然後突然發現，我已經開始對她所有期待和夢想。

我看著她的眼睛，開始想像她的模樣，她會不會是個搞笑的小孩，長大後會是什麼樣子。然後，下一刻，我又升起另一個念頭：萬一她生病了怎麼辦？我的念頭開始狂奔，腦中出現她鼻子插著管子、手臂插著針頭的畫面。

但接著我想到，生命每時每刻不在變化的無常本質。我的那些慣性反應思維停止了，我只單純和她在一起。我凝視著她的小眼睛，享受當下這一刻的幸福感。我知道，我們永遠無法確定明天會發生什麼事，但我很確定當下這一刻，我正在經歷語言難以形容的事情。我感受著當下這一刻，一個過去從未有過、未來也不會再有的時刻。那感覺就跟變魔術一樣！

生命一刻接著一刻在流逝，不確定就是我們唯一確定之事，因為我們能夠擁有的只有現在這一刻。包括快樂的時刻、悲傷的時刻、讓我們感到憤怒或充滿憐憫的時刻。它們都存在

於一瞬間，絕對獨特而且珍貴。佛教的觀念和教導可以幫助我們真正活在當下，無論是像我跟女兒共處的神奇時刻，或者只是坐在車裡等紅燈的平凡時刻。如果我們能以正確方式看待它們，生活中任何時間都能成為深刻的覺照時刻。佛教的概念和法教給了我們很好的工具，可以讓你在平凡的日常生活中找到更大的自由、更深刻的意義與祥和。

佛陀不廢話

第三部

核心教導

Core Teachings

學習內容：在這一篇，你會學到佛陀的重
要法教，比如四聖諦和八正道。聽起來好
像有點嚴肅，但我們會討論到如何將這些
法教應用在平常生活中，也會告訴大家為
什麼我們可以因為實踐佛陀法教而受益。

如果用一個關鍵法教來總結佛教，那會是什麼？

　　佛陀法教的根本佛法就是苦的本質與止息。根據早期的佛教典籍，據聞佛陀曾說：「以前及現在，我所說的只有苦、以及苦的止息之道（以前及現在，我乃施設苦與苦之滅）」（《相應部》Samyutta Nikāya 22.86）。佛陀證悟成道後，最初的教導之一就是四聖諦（Four Noble Truths）。每一諦（「諦」就是真實道理、真理之意）都談到苦，而苦就是生命無可避免的一個部分。所謂「四聖諦」就是：苦諦（dukkha，苦之現象）、集諦（samudaya，苦之原因）、滅諦（nirodha，苦的止息）和道諦（magga，邁向苦的止息之方法道路）。

　　你可以用生病看醫生的醫療過程來了解四聖諦：醫生（佛陀）診斷出疾病（苦），確認生病的根本原因，預測疾病的發展情況，最後開出一套療程。四聖諦就是佛陀為了對治人類生命中無可避免的痛苦，而施設的一套行動計畫。從這個意義來說，四聖諦可以被當作「課題」而不只是「抽象真理」。它原

本就是要讓我們去實踐的四項任務課題，而不是讓我們去相信的四個真理。我曾在我的播客上跟佛教學者兼作家史帝芬・巴契勒（Stephen Batchelor）一起討論過如何在生活中實踐四聖諦，為了便於記憶，我們用四個縮寫字母 ELSA 來當作口訣，代表這四個課題。

E - Embrace - 擁抱痛苦經歷。

L - Let - 放下慣性反應模式。

S - See- 看見慣性反應的停止。

A - Act - 行動逐漸善巧。

四聖諦的教導構成了所有佛教修行途徑、宗派以及傳統法門的根本核心。四聖諦的精髓就是：面對和擁抱人類痛苦的真相。

擁抱痛苦是什麼意思？ 痛苦讓人感覺很糟，那我們到底 該拿它怎麼辦？ 換句話說， 我們要怎麼接受第一諦呢？

四聖諦中的第一諦「苦諦」，巴利文是 dukkha，意思就是承認生命中苦的存在。第一諦是診斷問題：在生活中，困難出現了，我們因此受苦。這不是「會不會出現」的問題，而是「何時出現」。疾病、衰老和死亡就是最明顯的例子，但生活中我們還會經歷無數困難，無論是失業，還是手機掉到地上螢幕裂開。

世間的本質就是必定會有困難發生，我們必定會經歷痛苦。我們可以開始接受這個事實，承認痛苦是普遍存在，而非只是個人才有。它是生命存在經驗的一部分。無論我們多麼努力避開它，都還是會經歷痛苦。無論我們多麼努力想要找到一條神奇公式來消除它，多努力追逐金錢來收買它，追求外在名聲來淹沒它；無論我們是否用禱告、打坐、或是做什麼儀式來保護自己不受到它的攻擊；苦，還是會以某種形式找到我們。這是人類存在的根本問題。

苦的現象是普遍存在的。不僅僅是發生在你身上；它發生在我們每一個人身上。富人、名人、有權有勢的人又或篤信宗教的人——每一個人都是！如果你認為只有你自己碰到困難，請花一些時間跟他人談談，問問他們遇到什麼問題，你很快就會發現，每一個人都有自己的痛苦掙扎要面對。

　　佛陀教導我們如何擁抱痛苦：當我們真正接受，痛苦原是每個人生命的一部分，我們就比較容易去面對它；除此之外，別無他途。

核心教導

穿越森林

想像你正徒步健行穿過一座森林。你享受著沿途的風光和大自然聲音，偶爾停下來傾聽鳥鳴，或是為別緻可愛的花朵拍張照片。然後，就在你平靜漫步時，一隻大熊突然從灌木叢裡跳出來，直接衝著你大聲咆哮。你因為很怕自己會沒命而驚聲尖叫，拚命想辦法來救自己，但一方面又對這次的健行感到懊悔，然後開始胡思亂想，萬一你的孩子失去你，他們該怎麼活下去。「為什麼偏偏是我碰到？」你可能會這樣想，「為什麼這麼倒霉碰到熊？」但是下一刻，你發現那隻熊站了起來，還把自己的頭摘下來。原來它不是真的熊，只是一個穿著熊裝的人，想要惡作劇嚇唬來這裡健行的人。

現在再想像一下，你在森林裡徒步健行，但這一次，在你進入森林之前，我先警告你，有人會躲在半路上穿著熊裝跳出來嚇人。因為你先知道這件事，所以沿途你一定會小心留意。不過，健行的路途很長，偶爾你也會忘記有這件事。這時候如果穿熊裝的傢伙突然跳出來嚇你，你還是會被嚇到。你可能還是會跳

起來或尖叫，但你不會完全被嚇到，也可以比較快從驚嚇中恢復冷靜，因為事先已經有人警告你，所以你有充份的時間去接受有人會在半路跳出來嚇你。你會對自己說：「我知道半路上一定會發生這種事。其他健行者很多人也都遇到過。」

　　佛教關於苦的教導，基本上就是像這樣。佛陀告訴我們，苦必然存在，而且很嚇人，某些時候它會突然跳出來嚇你，但並不一定會完全嚇到你。你可以這樣試試看，下次當你遇到困難或感到痛苦時，不要對自己說：「生命真是不公平」或「為什麼這種事偏偏發生在我身上？」而是告訴自己：「我知道這是可能會發生的事。我並不孤單。其他人也在經歷同樣的事情。」一旦你知道苦是人生無可避免的一部分，你就能擁抱這個事實，知道它必然會在某個時候出現，你會比較不擔心它，而且可以做好心理準備，在它到來的時候，讓自己比較快恢復冷靜。

有時我們甚至連「接受」都很難做到。對於世間一切不好的事情，我們是不是只要「接受」就好？

　　佛陀法教的目的，是要幫助我們更了解世間實相的本質，更清楚看見一切事物的真相。以佛教的觀點而言，接受（acceptance）並不等於放棄，也不是對世間一切不好的事情都當作沒看到，比如不公不義或讓人痛苦之事。佛教所謂的「接受」，是指不去抗拒事實、不與事實相對抗。舉例來說，假設你感受到某種情緒——比如孤獨——你必須先接受你的感受，然後才能對這件事做出回應行動。如果你逃避承認自己的孤獨感，而且無視於自己的不舒服，那麼接下來，不管你做了什麼事情想要來減輕這種不舒服，你都會失敗，因為你的目標設定錯誤。

　　我想，我們有時會將接受等同於順從或放棄，但接受跟順從是不一樣的。幾年前，我遇到一件生命難題。我對一位與我非常親近的人失去信任，我既傷心又難過。但當時，我覺得我不該生氣。我覺得我有責任「接受」一切發生的事情，而且應該要克服它。這種心態卻使得事情更加惡化，讓我對這件事情的憤怒感延續了很長一段時間，原本或許不該會氣那麼久的。

好幾年之後，我才知道什麼是真正的接受。我從來沒有完全接受我的感受——我只是假裝接受。事實上，我對這件事很生氣，而且我對自己的生氣感到憤怒。我根本沒有接受我自己的感覺，因而延長了我自己的痛苦。

當我發現這件事，我決定，最終我要接受的並不是跟對方的信任出現裂口這件事，而是我自己內心的憤怒。我很生氣，沒問題，我完全可以生氣。接受我自己的情緒，並停止與我的感受對抗，這讓我有一種自在解脫感。這也是我療癒的起點，一切都是從接受我的真實情緒，並放棄與之對抗開始的。以佛教的觀點來說，不是要我們去接受那件不好的事情；而是要接受那件不好的事已經發生的這個事實。當我接受一件事情的真實情況，我才有辦法問：「那現在我該怎麼辦？」接受，是與事實合作，而不是與事實對抗。

請說說第二聖諦。你的意思是，減少痛苦的方法是對於發生在我們身上的麻煩事不要那麼快反應，但這真的很難啊！我們該怎樣擺脫這種慣性反應呢？

第二諦，集諦（samudaya），就是「苦的原因」。我們之所以會痛苦，主要是因為習慣性地對生活中的事情起反應：我們會對自己講故事，賦予那些事情意義，疑惑著為什麼痛苦的事情會發生在我們身上，希望不要發生這些事情等等。當我們希望生命不要這樣，痛苦就出現了——因為我們在與事實相對抗。當世事不如我們的意，不符合我們的期待，我們就感到沮喪難過，感到非常痛苦，然後做出慣性反應。

然而，痛苦本身並不是真正的問題所在。是我們如何對痛苦之事起反應，這才是真正的問題。佛陀如是教導：「愚癡無聞凡夫，身觸生諸受，增諸苦痛，乃至奪命，愁憂稱怨，啼哭號呼，心生狂亂，當於爾時，增長二受，謂身受、心受。譬如士夫，身被雙毒箭，極生苦痛；愚癡無聞凡夫，亦復如是，增長二受，身受、心受，極生苦痛。」（白話：未受教導的凡夫，

被一種痛苦的感受接觸，他就悲傷、哀痛、哭泣、搥胸、心煩意亂。於是他感受到兩種痛苦：一種是身體的痛苦，一種是心的痛苦。就好比有人將一支箭射在一個人身上，然後接著又再射一支箭，於是這個人就感受到兩支箭的痛苦）（《相應部》Samyutta Nikāya 36.6）。慣性反應性會變成一種惡性循環。我們愈執著於我們的痛苦感，就愈增強那個痛苦的起因：我們希望事情不要這樣。痛苦感愈強烈，我們就愈想要擺脫它。但我們愈想擺脫它，我們就會愈加痛苦。

曾經氣到搥牆搥出一個大洞、或是說出一堆氣話才後悔的人，一定知道什麼叫做慣性反應。痛苦帶來的情緒不適感是如此巨大，以致唯一合乎邏輯的下一步就是對這種不適感做出反應──比如猛搥牆壁。而不對它起反應的意思就是，放下你心中那個搥牆的需要，覺得需要對這種憤怒或絕望的痛苦做出反應，只會帶來更多痛苦，因為接下來你必須去修補牆上的那個破洞。

停止慣性反應，不代表我們需要否認讓我們想要搥牆的那個不舒服情緒（因為不管怎樣，這都不可能）。停止慣性反應的意思是，避免被第二支箭射中。這比較像是一種解脫、一種釋放，而不是必須去犧牲什麼。最終我們會明白，放掉痛苦根本一點都不是犧牲。

聽起來這樣好像比較好，但這種方式真的可行嗎？真的有可能終結痛苦嗎？第三聖諦又是什麼？

如前所述，當我們希望生命不要是它原本的模樣，我們就會受苦。第三聖諦，滅諦（nirodha），是要幫助我們了解苦的止息，並非痛苦本身停止，而是我們不再渴求沒有痛苦。

佛教修行並不會終止苦的現象、讓苦不再出現；苦是人生的真相。但是我們可以放下想要逃避痛苦的執念，停下念頭，因為逃避痛苦反而會為我們帶來更多痛苦。這個概念不是那麼好掌握，有點棘手，因為我們無法單單藉由意志力來擺脫我們不想要受苦的渴望。事實是，當我們努力追求「不要執著」，我們其實就是在執著「不要執著」的這個想法。如果我們欲求「不欲求」，我們依然是陷在「欲求」之中。我們沒辦法只在嘴巴上說：「好吧，從現在開始，我不要執著任何東西」，因為讓我們產生執著的因緣條件仍然存在。

我的雙胞胎弟弟有一次打電話給我，跟我說他的一次經歷。他在高速公路上開車，突然，就像我們在第 6 頁舉的例子一樣，有人超他的車。他立刻意識到自己的情緒反應和內心的憤怒，當他觀察自己當下的情緒，他問自己：「那個情緒觀察者

佛陀不廢話

也生氣了嗎？」在那一刻，他可以把他內心升起的情緒以及對情緒的觀察兩者區分開來。

　　那個停頓的片刻，讓他停下來，看清楚自己的慣性反應。那一刻，憤怒情緒便無法再控制他。他能夠看到自己的情緒，並允許它單純存在。他感到生氣憤怒，沒錯，但他沒有對此做出慣性反應；他沒有被痛苦的「第二支箭」射中。

既然第四聖諦是通往苦滅之道，那麼我們如何才能走上那條道路？

四聖諦的最後一諦是「道諦」，巴利文的 magga 就是「道路」的意思。從佛陀開悟證道的那一刻起，他所有的教導都是在講苦滅之道，而且是用各種方式在說。對於不同根基的人，佛陀可能會根據他們各自在覺悟道路上所處的位置，而對於苦滅之道給出不同的解釋，不過，這些不同方法和教導的精髓，都可以在八正道（the Eightfold Path，八聖道分）中找到，「八正道」一般也被稱為「解脫之道」或「苦滅之道」。八正道又可歸納為三個基本類別：慧（paññā，般若／智慧）、戒（sīla，尸羅／戒律）、定（samādhi，三摩地／三昧）。這八條道路可以同時開展，不一定要按順序遵行。因為八正道彼此之間相互關聯，每一條道路都有助於其他道路的開展。以下就將這八條道路分為三個類組：

慧（智慧）

1. 正見（sammā ditthi）
2. 正思（sammā sankappa）

戒（道德行為）

3. 正語（sammā vācā）

4. 正業（sammā kammanta）

5. 正命（sammā ājīva）

定（心智鍛鍊）

6. 正精進（sammā vāyāma）

7. 正念（sammā sati）

8. 正定（sammā samādhi）

　　八正道不是要我們從頭到尾只走一次、或是一定要按照順序來走。你會發現，每一條道路跟其他道路都有重疊、而且彼此相互關聯，每一條道路都會相互流注、相互匯歸。八正道也不是一種你非得遵守不可的道德準則。每一條道路都有一個「正」字，但請不要從「正確或錯誤」這個角度來思考八正道，而是要將它們視為「有智慧」或「善巧」的生活方式。八正道的用意是作為我們人生各個層面的指引，讓我們可以從中體會和發現世間實相的本質。「走在道上」是一個持續不斷實踐的過程，可以為我們的生活帶來新的覺知和視野。

日日是好日

　　我的辦公室裡掛著一幅捲軸，軸上寫著五個漢字：「日日是好日」。每次當我發覺自己過度關注自身的痛苦時，它都能適時提醒我，生命的緣起相依本質。

　　我弟弟和我都喜歡玩飛行傘，雖然我們住的地方相距遙遠，但偶爾會聚在一起玩飛行傘。有一次，我們計畫要去加州沙城附近，我最喜歡的一個飛行地點旅行，那個地方只要風向條件正確，你可以沿著沙丘上方的海岸一次飛行數英哩遠。因為他是第一次在這個地方飛，所以我很希望跟他分享飛越沙丘的難得經歷。我提前一天到達當地，風很大。第二天早上，我到機場接他，然後一起開車前往起飛場，結果，我們在那裡枯坐了四個小時，等待風起。風始終沒來，甚至接下來好幾天都是無風的日子。我們從頭到尾都無法飛行。

　　我感到難過失望，我弟弟沒有機會在這裡體驗飛行（而且他是把自己在航空公司的常客計劃里程數用光，才飛到這裡跟我會合）。對我們來說，真可說是

一連串運氣不佳的日子啊。但是沒想到過了幾天，我們從新聞看到，因為當地無風，讓消防員能夠控制當時橫掃加州的一場大火。我心裡暗暗想著，果真「日日是好日」啊。

讓我們從「智慧」這部分開始。
「正見」是什麼意思？

正見（Right understanding），或者說，「有智慧的見解」，乃是始於單純認知到，我們眼睛所見，實際上可能並非真正的事實。想像你走進一座穀倉，看到一條盤繞在地上的水管，結果你將它誤認為一條蛇。你經驗到的可能並非事實，而只是你腦中對於事實的想像畫面。你以為真的有蛇，然後瞬間做出反應，大聲驚呼或是轉身逃跑，但實際上根本沒有蛇。智慧就像打開穀倉裡的燈，讓你覺察你以為的蛇其實是一條水管。我們必須不斷尋求智慧，來幫助我們學習如實看待世間。四聖諦和三相／三法印（苦、無常、無我）能幫助我們對實相的本質有一個合乎智慧的見解。這種了知實相的智慧，並不是去獲得更多的知識；事實上恰好相反，它是試著放下那些阻礙我們看到世間真相的概念和想法。

「正思」是什麼意思？

　　如果我們想要減少痛苦，就需要對我們所說和所做之事的意圖保持覺知，這就是「正思」（Right intent，或稱「正思惟」）。如果我們的意圖是源於憤怒或仇恨，相對於因為快樂或感激的意圖所出之行為，前者更有可能造成傷害。如果我們出於慣行反應而做出行動，就很難去察覺到自己言行背後的意圖。對我們的意圖保持覺知，需要透過實際修練才能做到。如何練習呢？當你對生活中發生的事情做出慣性反應時，你可以試著問自己「為什麼？」比如說，當我感到憤怒，我喜歡問自己：「為什麼我會出現這種情緒反應？」如果我對某人很友善，我會問自己：「為什麼我要對他好？我是真的很關心這個人？還是我想從這種交往互動中得到什麼？」當你對自己的行為意圖保持清醒覺知，你就可以決定你是否需要創造新的意圖、還是放棄舊的意圖。這會讓你的語言和行為都更善巧、更能順應每一種情況。

核心教導

接下來是八正道的「戒律」部分，「正語」是什麼意思？

　　我們用什麼方式與自己和別人溝通，是能否創造平靜與和諧生活的重要因素。我們是社會性生物，溝通互動是人際關係中最重要的部分。正語（Right speech）的意思是，以不造成傷害的方式與他人溝通交流（而且沒錯，是包含各種溝通形式，比如寫信、手機短訊、電子郵件甚至臉書）。說謊、耳語八卦或是侮辱他人的語言，都不是正語，但也不是要你說出違心之論的恭維、做出無法實現的承諾，更不是去巴結奉承你想討好的人。正語是你會思考你講出這句話的動機，與你說出的話是相等分量的。

　　思考一下，建設性與破壞性的批評，這兩者的區別。前者可能忠言逆耳，但目的是幫助你更順利完成正在進行的事；後者則只會帶來痛苦。正語未必每次都令人愉快，也不必因為害怕有人不同意而隱瞞你的想法，它應該是真心誠意的語言。

佛陀不廢話

「正業」是什麼意思？
是否有一套規則可以遵循？

正業（Right action，正確的行動或行為）的意思是，根據你的情況做出適當和必要的行為。雖然這有時也包括（而且確定不會妨礙）符合道德的「正確之事」，但它更類似於一種行動指引，就是無論你身處任何情況都採取適當的行動。道德規範的問題在於，我們的道德標準會隨著時間而改變，而且不同的文化也有不同的道德標準。在某個時空之下堅持合乎某套道德規範，換了另一個時空則未必是最明智的行為。

據說這是美國作家孟肯（H. L. Mencken）的名言：「道德就是做正確的事，無論別人告訴你該做什麼；服從就是做別人告訴你要做的事，無論那件事是不是正確。」換句話說，正業不等於在任何情況下都要根據規則行事。因為生命總是不斷在變化和演進，怎麼可能始終按指令行事呢？理論上來說，正見、正思與正語就能帶來正業，你的智慧會引導你在任何情況下都表現得恰如其分。

若人作善已，應復數數作；
當喜於作善；積善則受樂。

佛陀
《法句經》

什麼是「正命」？ 佛教是否認為某些工作會比另一些工作好？

「正命」（Right livelihood）是指我們的謀生方式，以及我們在工作上與他人互動的方式。我們每個人都需要自己去判斷，我們的謀生方式對於我們自己和他人是否會帶來傷害？還是會帶來益處。你可能會這樣想：「所以，毒販對世人有害，醫生對世人有益。」但佛教所說的「正命」，並非僅僅是指我們的工作或行業類型；它還包括我們如何與同事或客戶互動。舉例來說，如果一位醫生從藥商那裡收受賄賂，而選擇開某種藥、不開另一種藥物給病人，這也是一種造成傷害的行為，這就不是佛所說的「正命」。所以，某種行業是不是正命，最終仍要由我們自己來判斷。判斷時，不妨試著把「正思」考慮進來。試著問自己：「我是基於什麼動機意圖而選擇做這件事？」請記得，正命不一定是指像是紅十字會這類的善事，或是跟人道主義有關的事業。它是指你所從事之行業，是出於正思惟、是出於好的意圖，不會帶來傷害，跟你實際上從事什麼工作無關。

我曾在一家銷售保健食品的公司工作過，一段時間之後，我對於我們所使用的一種行銷方式內心感到很不安。我們會透

過註冊免費試用的方式來吸引顧客使用我們的保健食品，然後他們就會在不知情的情況下，每個月都固定要付費購買我們的產品。雖然我對公司的產品有信心，但是我發現有很多人根本沒有詳細閱讀條約就註冊登記免費試用，這很可能會對人帶來傷害，我內心感到非常不安。對我來說，這份工作不是一種正當的謀生方式。最後我選擇離開那份工作，也找到了另一份工作，新工作讓我不再有那種衝突感，這就是「正命」。

請說說八正道對「心智鍛鍊」的看法。「正精進」是什麼意思？是說要更努力讓自己變得更好嗎？

　　正精進（Right effort，亦作「正勤」）就是將八正道的其他七個正道真正付諸實踐。如果我們希望自己的人生有正向改變，就需要付出努力。為了學習一項新的技能，無論是音樂、體育、商業、或其他任何方面，我們都必須付出努力。沒有努力，不可能有進步。同樣地，正精進也會為我們在世間所做的一切帶來影響。

　　我已經學習吉他十多年，但至今尚未完全熟練精通，因為我並沒有真正花時間精力投入練習。我把時間和精力都投注在其他我想做的事情上（比如寫這本書），所以到現在吉他還是彈不好。好在，不能把吉他彈好，對我的生活並沒有帶來什麼巨大影響。但有時候，對於生命中一些更重要的事情——比如工作、人際關係或是我們的處世之道——如果我們沒有付出足夠的努力，那樣的影響是非常巨大的。正精進就是投入所需的時間和努力，來讓自己心智更加清醒集中、更能覺知世間實相的本質。沒有付出努力，我們不可能覺醒或開悟。

核心教導

保持「正念」是什麼意思？
是指打坐冥想嗎？

　　正念（Right mindfulness）是指保持清醒的覺察力，無論我們是在打坐中，還是在日常工作時。保持正念能讓我們定根於當下，覺知世事的真實狀態。一行禪師（Thich Nhat Hanh）曾經這樣形容正念：「當你牙痛時，感覺很不舒服；當你沒有牙痛時，你通常沒什麼感覺。但是，如果你也能對『非牙痛時刻』保持覺知，『非牙痛時刻』就會變成一種平靜愉悅的感覺。正念能夠為我們帶來歡喜感受。」也就是說，正念能讓我們每時每刻都保持清醒覺察，因此感受到滿足心安。它其實就只是要我們提升覺察的範圍，去覺知那些「非牙痛時刻」，這樣而已。

佛陀不廢話

什麼是「正定」？
是指坐下來專心觀想某件事嗎？
這是禪定的目的嗎？

　　正定（Right concentration，亦作有智慧的禪定），是指將心智專注於一件事物上，無論我們那一刻在做什麼。禪定是修習正定的好方法。說到禪定，我們通常會想到閉著眼睛盤腿坐在地板上，這是一種練習方式沒錯，但禪定並不僅僅是指坐在那裡打坐而已。我們在洗碗時、走路時，甚至任何其他活動時，都可以練習禪定力。

　　正定的反面是散亂、分心失神。當我們手機出現提示音告訴我們有新簡訊進來，或是成千上百種吸睛的產品廣告，這些都會讓我們心智散亂。散亂的心智使我們無法看到生命的真實面貌，也無法看到我們自己和他人的真實狀態。有一天，我決定不開車、改騎自行車上班，當我繞過一個彎道時，我注意到田野中一簇樹叢後面有一個紅色穀倉。這麼多年來，我幾乎每天都開車經過同一個地點，我一邊開車，一邊分心聽收音機、或是想著工作的事，我從來沒注意到那座紅色穀倉的存在。但這一天，我放慢速度、專心覺察，才發現那些原本就一直存在的「新」東西。如果我們保持專注和覺察，是否會看到更多平常沒看到的東西呢？

蘑菇

　　從小到大的成長過程中，我記得我都是被教導要坐在餐桌前好好把盤子裡的食物吃光。但我是一個挑食的小孩，所以對我來說這根本是一項艱難任務，尤其餐桌上如果出現蘑菇，我就知道我這餐一定會吃很久。那時我心裡想的是：「我超討厭蘑菇。」無論是味道、口感或顏色，我全都不喜歡。但隨著年齡增長，我對蘑菇開始產生興趣。現在它們是我最喜歡吃的食物之一。我現在知道，喜歡或者討厭蘑菇的，從來都不是「我」；而是我的味蕾和鼻子聯合起來，讓「我」感覺討厭蘑菇。一般人的味蕾大約平均有一萬個，而且它們會不斷被新的味蕾取代。隨著年齡增長，我們對東西的味道也會開始出現不同的感覺。由於肉身本就無常、不斷變化，我甚至無法知道接下來的五年、十年或二十年，我究竟會喜歡或不喜歡什麼食物。察覺到這件事之後，我開始可以嘗試以前我認為「我」不喜歡的食物了。

下次你吃飯時，無論是你最喜歡的食物、還是你認為你討厭的東西，試著提醒自己，喜歡或不喜歡某些東西的，不是「你」。而是你的感覺器官，連同心的作用（mental formation ／行蘊）以及你頭腦當中升起的其他一切，讓你產生了那個知覺。知覺意識，就像我們對蘑菇味道的感覺一樣，是會改變的。

「我」似乎是很多東西的根源，比如覺知、痛苦、善與惡。關於我的本質，佛陀的教導是什麼？是什麼使我成為我？

　　根據佛的教導，我們的「自我」（self）是一種知覺——也就是感知的產物。我們的自我意識（sense of self，自我感）是隨境而生的活動，而不是一個原本就存在不變的東西。想像一下，你把一部電影暫停下來，仔細看單格靜止畫面。每一部電影都是由這些單格影像組合而成的，但是當我們看電影時，我們感知到的是連續移動的影像在講述一個連續發生的故事。我們的自我也像電影膠卷底片，是由每時每刻發生的一幅單格靜止畫面組合而成的。如果你可以按下時間的暫停鍵，仔細看看某個片刻的單格影像，你會發現，這一格畫面跟它前後的影像畫面略有不同。換句話說，現在這一刻的你，跟之前一刻的你，並不是同樣一個你。

　　佛陀如是教導：我們人是由五個基本元素所組成，這些元素結合在一起，形成一個與其他人不同的、獨有的「我」

的感知。這五個元素就稱為「五蘊」（the five skandhas），梵文 skandhas 意思就是「聚合」或「積增」。這五蘊（以及原始巴利文）分別是：色蘊（rūpa／form）、受蘊（vedanā／sensation）、想蘊（saññā／perception）、行蘊（sankhāra／mental formations or thoughts）、識蘊（viññāna／consciousness）。

以五蘊為基礎，佛陀進一步教導，我們人是透過六種感官（six sense organs，亦稱六根）來感知現實和外部世界。眼所見者為色塵，耳所聽者為聲塵，鼻所嗅者為香塵，舌所嚐者為味塵，身所覺者為觸塵，意所分別者為法塵。（你會注意到，前五種感官是我們在學校學過的，但佛教把意（心智頭腦／mind）也視為一種感官，因為我們的心智頭腦能感知思想和觀念。）

請再多說說關於「五蘊」。
它們是如何運作的？

讓我們產生自我意識的這五蘊（五種聚合）分別是：

色蘊 (RŪPA)：色身或有形實體

有形色身或實體是指，只能以五種傳統感官（比如視覺、
聲音或味覺）來感知的有形物質。

受蘊 (VEDANĀ)：感官覺受或感覺基調

這是當我們感知某件事物時升起的感覺狀態。當我們聞
到某樣東西，我們會立即將所感知到的東西形成一種「感覺
基調」（feeling tone）——感覺愉快或不愉快、覺得喜歡或不喜
歡。與感官覺受相連的感覺基調，就是諸如愉悅、痛苦或中性
感覺等之受蘊。

想蘊 (SAÑÑĀ)：知覺

這是對我們經驗知覺之事物的認知或識別。當我們看到某
樣東西，我們會開始掃描我們的記憶，試圖找出可能與我們所
感知之事物相關的東西。例如，看到一條黑暗的走廊，很多人

就會因為情境或過去記憶（即便只在恐怖電影中看過）而產生不安的感覺。想蘊（Perception）就是為我們所感知之事物命名（例如「黑暗」、「走廊」和「可怕」）的這個過程。

行蘊（SANKHĀRA）：心的作用或思維過程

這就是我們的好惡、偏見、以及成見產生的地方。如果我聞到一塊帶有刺鼻味道的乳酪，我的心智就會開始起作用，影響我在那一刻對它的感知。乳酪的味道可能會讓我想起一次法國旅遊的經驗，也可能會想起過去室友的臭腳味。無論是哪一種，都是我的心智作用在決定我對乳酪味道的感知。行蘊總是先於我們的經驗，影響我們的心理狀態。

識蘊（VIÑÑĀNA）：意識或覺察

識（Consciousness）是指對其他四蘊的整體覺知，是因為識蘊，才使得整個經驗過程成為可能。比如說，當我們眼睛看到桌上放了一本書，書和我們的眼睛本身並不會讓我們產生什麼經驗感受。只有當識蘊、眼睛、書以及其他四蘊共同起作用，才會讓我們產生「看」的經驗感受。這就是為什麼佛教會說，某個感官生某個覺識。當你眼睛看到一個景象，眼識就會生起；當你耳朵聽到聲音，耳識就會生起。一旦我們能夠覺察到我們的感覺器官與所感知之覺識兩者之間這種關聯性，我們就能在情緒反應發生的當下有所覺察。在感知的當下，我們實際上是與那個被感知的對象在情感面上產生了關聯。

那麼，這些感官和知覺是如何使我成為我呢？

我們的自我感，就是由我們對每時每刻所感知之事物的情緒反應所創造出來的。當我們看到、聽到、聞到、嚐到、感覺到或想到某樣事物，「自我」（self）的存在感就會生起。換句話說，感知（想蘊）發生，並立即生起對這個感知的意識（識蘊）。是那個察覺到感知正在發生的「我」，讓我們產生了「自我感」。

佛陀將五蘊的概念融入到他的許多教導當中。這些法教最重要的一個重點就是要告訴我們，因各種條件結合起來讓你經驗到「你」的那些聚合，實際上並不是你。它們都只是暫時、依緣而生以及因條件而存在的現象，如果你把這些感知和經驗的聚合當成真實的「你」，那其實是一種錯覺妄想（illusion）。

惟有當我們明白了知，五蘊聚合只是暫時現象，是因條件而存在，或是由其他現象創造出來的——它們並不是我們——那麼，我們才真正踏上開悟之道。

佛陀不廢話

是故此非屬汝等者，當捨之。

如何為不屬汝等者？

色、受、想、行、識不屬於汝等者，應捨之。

若捨此者，即永久饒益，以致幸福。

佛陀
《中部》

第四部

根本修持

Core Practices

學習內容：在這一篇，你會學到一些最平常實用的佛教修行方法，將前三篇學到的法教內容和概念實際應用在生活中。你也會更了解，為什麼這些方法可以為真正付諸實踐的人帶來益處，無論他們本身是不是佛教徒。你不必成為佛教徒才能認識佛法的智慧，只要去實踐，將這些方法應用在面對世事與身邊人們的交往互動中，你就能領受這些法門帶來的轉化力量。

佛教好像經常讓人聯想到某種生活型態，比如非暴力和非物質主義。請問這種連結是怎麼來的？

　　許多宗教都有一套正規的道德或倫理規範，比如十誡，通常是由該宗教的權威人物所制定，例如，以基督教來說就是上帝。佛教並沒有一位供人崇拜的神，或是一套非服從不可的誡命，但確實有五條基本戒律或守則，供大多數佛教徒來遵守。戒律不是命令；你可以把它理解為佛陀對生活方式的一種建議，目的是為了讓人擁有和諧無礙的人生。戒律的最終目標是實踐一種生活方式，使我們的種種行為能與世間實相相符合。

佛陀不廢話

這些戒律是什麼？
佛教徒如何根據這些戒律來生活？

在生活中遵守戒律，就是踏上開悟之路的一部分，因為據聞，一個開悟的人會自然遵守這些戒律。這五條戒律如下：

1. 不殺生

佛教並沒有設立絕對的道德規範，因此這條戒律和其他四條戒律都可能因人，或因文化傳統而有不同的詮釋。對某些人來說，這條戒律可能代表他們對墮胎、死刑或殺蟲的立場。為了確切衡量行為可能帶來的後果，檢視我們的行為是出於貪、嗔或癡，還是出於仁善、智慧或慈悲，會對我們比較有幫助。動機意圖才是關鍵。舉例來說，如果我的家人受到一頭熊的襲擊，為了拯救人命，我可能不得不把那頭熊殺死。如果我們的殺生不是出於嗔恨之心，那就可以解釋成沒有違背此條戒律。

2. 不偷盜

佛教的戒律與「正業」密切相關，正業就是我們在第 94 頁所討論的八正道之一。不拿取別人沒有給予我們的東西，這乃是天經地義，但這條戒律所講的並不僅僅是不偷竊別人的東西。它包括你要去評估你的動機，並且要知道你的行為會為別人帶來什麼影響。不拿取別人沒有給予我們的東西，也是我們之所以能夠快樂或安心滿足的原因。比如說，當我們知道自己沒有因為拿取不該拿的東西而傷害到別人時，我們會感到快樂。當我們知道別人信任我們和我們所說的話時，我們也會感到高興。過著沒有懊悔、沒有自責的生活，人就會感到平安和喜樂。

3. 不邪淫

不同的佛教宗派，對此條戒律也有不同的理解。在某些佛教宗派，比如南傳上座部，比丘和比丘尼必須獨身禁慾，而在其他宗派，比如日本的淨土真宗，出家人結婚很普遍，也可以被大眾接受。何種行為才構成「邪淫」，是取決於各個佛教修行者所屬的不同文化傳承和社會觀點。可以確定的是，如果是未經對方同意的性行為和性剝削，這類事情肯定是屬於「邪淫」的範疇，但其他行為是否有違反此一戒律，則因宗派和文化背景而異。跟其他條戒律一樣，檢視一項行為會帶給我們什

麼感受，以及這項行為是否會對他人帶來負面影響，是最初判斷一個行為是否符合此戒律的好方法。

4. 不妄語

這條戒律並不僅指「不說謊」，雖然不說謊確實是不妄語的一部分。不妄語意思是，我們說話除了要誠實，還要以對他人有益的方式來與人溝通。妄語的根源就是貪、瞋與癡三毒。如果你是為了得到你想要的東西，而用言語去誤導他人，或是故意用語言去傷害別人，或是閒言閒語講八卦，這些都是屬於妄語。當我們不帶著貪欲、瞋恨或愚癡的心態說話，我們自然就能不妄語。

5. 不飲酒（不服用使心智蒙蔽的麻醉品）

這條戒律在不同的佛教宗派也有不同的詮釋和做法。某些佛教徒對這條戒律的理解是：嚴格禁止使用毒品和酒精等致醉物品；而對其他佛教徒來說，「麻醉品」是指任何會使我們心智蒙蔽或改變我們知覺的東西，也包括我們每天觀看的媒體，甚至那些「令人沉迷」的成癮習慣，例如賭博。這條戒律的用意是在鼓勵修行者，對那些使我們心智散亂、無法對生活保持正知正覺的事物，要有所警覺並更加小心謹慎。

彼人非聖賢，以其殺生故。
不害諸眾生，是名為聖者。

佛陀
《法句經》

佛教徒都茹素嗎？
可以成為佛教徒同時又吃肉嗎？

　　有些佛教徒是素食主義者，有些則不是。先前有說過，你不需要強迫自己去做什麼或不做什麼，才能成為佛教徒。佛陀並沒有要求他的追隨者一定要吃素；雖然他教導我們，殺生是不善巧的，但他也鼓勵出家僧侶應該大方接受大眾供養給他們的任何食物，包括肉類。

　　有些佛教宗派會鼓勵、也要求將吃素作為遵循第一條戒律的一種方式，但其他宗派則不會這樣做。有人會爭辯說，為了做到不殺生，你必須吃素，而有些人則認為，很多動物（比如蠕蟲和小昆蟲）也會在我們種植蔬菜和噴灑農藥的過程中死亡。歸根結底，要不要吃素是個人的選擇，每個人都必須自己去判斷，吃素是否適合自己的生活環境條件。

關於第五戒不飲酒，是否也有其他解釋？ 有很多佛教徒喝酒嗎？

　　這個問題也是一樣，有些宗派禁止，有些則不禁止，並沒有絕對性的強制。第五戒其實是告訴我們，要避免使用那些會讓我們心智散亂的麻醉物品，這並不一定代表禁止飲酒。某些佛教宗派會建議大眾滴酒不沾，但另一些宗派則是建議只要不喝到失去正念即可。

　　與其他行為一樣，了解喝酒背後的動機很重要。有些人喝酒是為了逃避現實，不想去面對、了解以及接受現實。從佛教的角度來看，這就是一種不善巧的生活方式，會給自己和他人帶來不必要的痛苦。佛法修行的主要目標之一是：更深入去洞悉自己的心性，如果我們的心智被蒙蔽，那麼這件事根本不可能做到。（我們連在完全清醒的情況下都很難做到了，更何況是喝醉！）

　　因此，佛教並不是把喝酒這件事當成道德問題來處理，而是認為，酒精或毒品會蒙蔽我們的心智或判斷力，使我們無法更靠近開悟之境。因此，要完全滴酒不沾、還是適度飲酒，是由個人決定，需要我們去自我反思，以誠實和成熟的態度來回答自己這個問題。

必須成為佛教徒才能修持佛法嗎？
怎樣才算是佛教徒呢？

　　佛教不是一種會勸服別人改變信仰的宗教，意思是說，佛教真正關心或關注的，並不在於把任何人變成另一種東西。如果你覺得佛法的概念和教導與你相應，你便可以開始在自己的生活中去實踐它。任何人都可以從佛法得到利益——你不一定要在形式上「變成一個佛教徒」。

　　當然，如果你確定佛法對你來說是一條正確的道路，你也可以進行所謂的「皈依」（巴利文 tisarana 的意思就是「三皈依」，也就是「皈依三寶」）：皈依佛（佛陀）、法（佛陀的法教）、僧（僧團）。皈依的儀式大多在佛教寺廟裡舉行，但也可以個人簡單誦念三皈依文「我皈依佛、皈依法、皈依僧」來完成皈依儀式。

請再多說說三皈依。
「皈依」的真正意思是什麼？

從字面意義來說，皈依（taking refuge）的意思就是找到庇護或受到保護免於遭遇險厄。我們面臨的險厄是什麼？就是被我們自己的慣性反應和不善巧的思想念頭所控制。而皈依的概念是：在這些資源當中找到一個安全庇護之地，我們就可以大大減少（甚至完全消除）因為慣性反應而為自己或他人帶來的痛苦。我喜歡把皈依的過程看成類似立下新年志願，在這個皈依處，我們設定好自己的意圖目標，希望自己比過去更好。接下來，我們就來細談三皈依的含義。

皈依佛：在佛之中找到庇護，意思就是認識到，既然佛陀能夠證悟解脫，那麼，我們也一定可以。皈依佛是對自己發出一種邀請，邀請我們從佛身上看到我們自己，並努力精進，從我們自己的慣性反應以及我們心中的貪、嗔與無明的毒害中解脫出來。

皈依法：在佛的法教之中找到庇護，就是認識到，佛的教導可以給我們一個嶄新的視角，讓我們對自己和世間實相的本

質有更深刻的了解。它不是要我們一味去相信或接受這些教導；而是要相信，只要我們真正去實踐這些教導，就一定可以讓自己的人生過得更平靜、更祥和。

皈依僧：在佛教僧團中找到庇護，就是認識到，透過與他人共修，我們可以找到支持，並相互提供奧援。與他人共修的重要性真的不容小覷。好朋友能夠幫助我們看到自己看不到的不善巧行為；向同修好友敞開心扉，允許他們來支持幫助我們，同時我們也支持幫助他們，這是克服以自我為中心的生命態度非常關鍵的一步。

大家都在談禪定打坐，
佛陀也是透過打坐得到開悟，
所以好像是很重要的修行方法。
但是要怎麼做呢？
佛教有規定正確的打坐方式嗎？

佛教各個宗派一直以來都有傳授非常多禪定的技巧和方法。（而有些佛教宗派是完全不修習禪定）。最常見的禪定技巧之一是「正念冥想法」（mindfulness meditation）。這項禪定技巧的目標是學習成為一名觀察者，如實觀照世間和我們自己的一切經歷。一直以來，我們都花了大量時間在動腦思考，為我們的各種念頭和情緒賦予意義。我們要不是追逐一個接著一個的念頭，就是想要努力控制讓自己的念頭不要生起，這其實只會加劇我們的慣性反應。正念冥想能幫助我們打破這種慣性反應的循環。

正念冥想法很單純也很簡單，就是只要觀照你的呼吸就好。注意你呼吸的出入息。你能感覺到吸氣和吐氣之間鼻尖的微細溫度變化嗎？你是否有注意到，每次呼吸時，你的胸部、

佛陀不廢話

肩膀，或是腹部有微微起伏？當我們觀察時，我們的慣性思考反應就會停下來，不再繼續為事物編造意義。舉個例子，我們坐在戶外觀看天上雲朵飄過，我們不會對看到的雲朵形狀賦予價值判斷。我們不會這樣想：「這是一朵善雲」或「那是一朵惡雲」、「那朵雲不夠蓬鬆」或「那朵雲飄得太高」，等等。當我們觀察，我們就只是觀看雲原本的樣子。轉個角度，同樣用這個方法來觀看我們的內心，我們也會開始經驗到，就像觀看天上的雲一樣，我們也可以同樣用不帶偏見、不帶判斷的心態，來觀看我們自己的念頭想法和情緒感受。就在這一刻，我們不再對自己的憤怒下好壞判斷。只是單純覺察當下的情緒，而且允許它存在，也不去抗拒它，或努力要跟它對抗。就這樣，不知不覺中，那個情緒就會自己消散，或是被另一種情緒取代，像天上飄過的雲一樣。

觀看一條河

　　我住在山區，我喜歡在夏季時分去走山間小徑。幾年前的一個夏天，我在一條山中小徑健行，那條路剛好可以俯瞰山邊的一條河流，於是我在半路停下來，讓自己輕鬆一下，開始冥想打坐。打坐結束後，我看著這條河流，看著河水不斷順流而下。突然想到，這條河真的沒有一刻停歇，河水永遠沒有不變的一面。水流永遠常新；沖刷和侵蝕著河裡的沉積物和岩石，河岸也隨之不斷在改變；河流的路徑在一年當中也隨著季節不同而發生變化，因為每個季節的水流量都不相同。河流本身始終常新，始終在變化。

　　然後，我將這個觀察與我剛剛在打坐中所做的內觀連結起來。究竟我這個人有哪一部分是永遠不變的呢？我的細胞不斷再生和分裂；我的舊記憶正在消退，新的記憶總在加添。我的念頭、想法還有觀念也似乎不斷隨著時間而演進改變。我發覺，我就像這條河流，看似永恆不變，但當我仔細在它身上尋找，卻

找不到一樣永恆不變的東西。禪定打坐可以讓我們的視野帶來深刻改變，只要我們能夠學會深入去觀看一樣事物。就像觀看一條河流，這麼簡單的一件事，就能幫助我們發現宇宙世間的共通法則——我們通身內外，一切事物乃是緣起相依、無常變化，沒有一個永久不變的我之存在。

我聽說禪定的目標是要讓自己頭腦完全空白。當我打坐時，我應該停止思考嗎？

　　打坐時要讓大腦空白、一念不生，這是大眾對禪定最普遍的一種誤解。打坐時，我們只是單純在觀察已經存在的事物——包括我們的念頭、情緒與一切一切。試圖想要去控制我們的念頭，或其他任何事物，實際上就是造成我們痛苦的主要原因之一，因為當我們希望事情變成跟它原來不一樣，我們就痛苦了。但我們卻經常對自己的念頭做這件事。我現在有一個念頭生起了，我發現它是個不愉快的念頭，於是我就非常用力、強行要這個念頭從我的腦中除去。但是，想要去除不愉快的念頭，卻只會讓這個念頭愈來愈強。

　　所以，打坐的目標不是去控制我們的念頭；而是單純觀看它，然後你就會對自己內心念頭的生起模式愈來愈熟悉，知道它是怎麼運作的。試試看，當你不再試圖控制自己的念頭，會發生什麼事。注意觀察，念頭是不是也跟其他所有東西一樣，是依緣而生、變化無常的。念頭生起、徘徊逗留、然後消散，或被另一個念頭取代。

我聽過佛教僧侶誦經的錄音。
那是在唱什麼？
佛教徒都要誦經持咒嗎？

　　誦經或持咒是某些佛教宗派常見的修持方法，尤其是在大乘藏傳佛教傳統中。跟禪定打坐一樣，持咒誦經的目的也是為了讓我們念頭與思維的慣性反應停止下來。當你專心反覆持誦一段經文或經咒，你就減少了讓自己陷入慣性思考和慣性反應的機會。經咒是一個短句或話語，通常是巴利語或梵語，可以一遍遍反覆誦念。它跟禱告祈求不一樣，因為佛教並沒有一尊神靈要人直接對他祈求。最常聽到的一句佛教經咒是六字大明咒 om mani padme hūm（嗡嘛呢唄美吽），意思是「蓮花中的寶藏」。另一句很有名的經咒是 nam myōhō renge kyō，意思是「南無妙法蓮華經」。

你一直都在唸經

我第一次聽到佛經時，覺得有點怪異。在我看來，那根本像是某種神祕的崇拜儀式。但是後來，我跟我的一位朋友談起誦經這件事，他就直接對我說，我們不也一直都在反覆對自己唸經嗎？我們有很多慣性想法，比如：「我真是個大白痴」或是「我比其他人優秀多囉」，這些話，就是我們一遍又一遍對自己反覆誦念的經，時間一久，它真的就會影響我們對自己和他人的看法。這樣的認知，讓我更加看重持咒或誦經的價值。

我最喜歡持誦的經文之一是：「願我快樂，願我平靜，願我遠離痛苦。」然後我將這個想法擴展到其他人身上，包括我的朋友、家人，甚至是陌生人。我對他們持誦這樣的經文：「願你快樂，願你平安，願你遠離痛苦。」

過了一段時間，我開始發現到，我也經常會對自己「唸經」，我習慣重複告訴自己一些「咒語」和「話語」，這讓我開始自問，這些不斷重複的念頭想法是不

是真的對我有幫助。於是，我開始用我學到的「新咒語」來代替許多不健康的重複咒語。下次，當你發現你在對自己唸經，在重複一個沒有益處的念頭或一大串想法時，請試著把你的注意力重新導向上面那句積極的咒語上。

有些宗教會使用象徵物和儀式器物，比如十字架或念珠。佛教有這類東西嗎？

在佛教的各個宗派中，都可以看到一些象徵物和儀式器物。其中最常見的是佛像。佛陀是人，是導師，不是一尊神，所以除了少數特例，佛像並不算是偶像，更也不是被拿來供奉膜拜的。當佛教徒向佛像頂禮鞠躬，那只是在表示他們心中的崇敬之意。佛教徒對待這些肖像，就像對待已故親人的肖像一樣。同樣的，佛珠也是用來修習禪定，而不是用來禱告祈求。佛珠象徵著眾生一體與和諧：每一顆念珠就是象徵每一個人，將念珠串在一起的那根繩子，代表佛法。持誦經咒時，經常會使用佛珠來計數，但是有一個觀念很重要，這些佛珠並沒有特別殊勝或神聖；它們只是用來幫助我們更加專注於當下的工具。

其他還有一些常見的佛教象徵物，比如鮮花、蠟燭，香以及鐘，這些東西都能幫助我們具體看到緣起相依和世事無常的佛陀之教。花朵會枯萎凋謝，蠟燭會熄滅，裊裊香火瀰漫與周圍事物融成一體，鐘聲慢慢消退直至與敲響前的寂靜合而為一。跟其他佛教象徵物一樣，這些東西都是強大的隱喻工具，但它們本身並不別具殊勝意義。

如果我不想將佛教當作一種宗教或一種哲學，可以嗎？我只是想讓自己心情變好而已。佛教的修行方法可以幫助我緩解焦躁和抑鬱的情緒嗎？

絕對可以！焦躁情緒的產生，是來自我們的想像力，我們靠著想像的能力，讓原本不存在的事物跑出來。也是同樣這股能力，讓我們去想像未來、將事情的後果加以放大，讓我們開始擔心那些根本不存在的困難。當我們的頭腦開始充斥著關於未來的想法，念頭開始糾結不清，修持正念冥想可以幫助我們重新安住於當下。佛法的修持邀請我們，要像對待老朋友一樣迎接我們的焦躁念頭，而不是抗拒它，或是跟它對抗。已有臨床實驗證明，修習正念可以減少我們對焦躁情緒的嫌惡感，大大減低焦慮症狀發作的強度和持續的時間。

它的原理就是我們先前提過的，佛陀對於兩支箭的教導（參見第85頁）。焦躁和抑鬱的情緒本身就是第一支箭，然後我們對這些情緒又升起另一種感受——悲傷、憤怒、憎惡——這是第二支箭。佛教教導我們如何避免射出第二支箭，這樣一來，我們的痛苦就可以減輕。

學佛需要老師嗎？
我如何找到老師？

在過去時代，佛教弟子門生經常會專心跟隨一位師父／親教師修行。佛法就是藉由這樣的師徒傳承一直延續至今。到現在，這種現象在許多佛教宗派中依然很常見，不過，在我們這個時代，你也可以透過電腦網路搜尋，找到各式各樣的書籍、部落格、影片、文章、播客以及其他各種學佛資源。在引導初學者朝正確方向前進上，師父確實發揮著重要作用，但我相信，這種師徒學習的模式正在迅速改變。如果你有興趣直接跟隨一位師父學習，不妨到你居住當地的佛教寺廟參訪，看看這種學習方式是否適合你。如果不選擇這種方式，你也可以在網路上找到許多佛學共修會，可以為你提供相同的協助。當你接觸的團體愈來愈多，請記得，不同的佛教宗派處理事情的方式也會不一樣。對一種文化或一種性格有用的法門，可能並不適用於另一種文化或性格的人。你要做的不是要去找到「最正確」的佛教宗派，而是要找到「最適合你」的法門。

佛陀不廢話

汝當自努力！
如來唯說者。

佛陀
《法句經》

相關專有名詞

緣起相依；相互依存；緣起 interdependent；
俗世佛教；在家佛教 Secular Buddhism；
人間佛教 Humanistic Buddhism
弘法（訓練）計畫 ministry program
佛教傳法／護法 Buddhist minister
遍一切處 Pervasive
皈依 taking refuge in
戒行 ethical practice／戒行 ethical conduct
細分無常 subtle impermanence
有神論 theism ／無神論 atheism, atheistic ／非有神論 Nontheism
順從 resignation
虔誠修行之道 devotional path
安住在當下 anchoring me to the present moment
二分法 dichotomizing

三苦：

苦苦（Suffering of Pain ＝瞋）、壞苦（Suffering of Change ＝貪）、行苦
（Pervasive Suffering ＝痴）

三界：

身業 physical karma、口業 verbal karma、意業 mental karma

五蘊：

色 form、受 feeling、想 perception、行 mental formations、識 consciousness

五戒 Five Precepts：

不殺 refrain from killing、不盜 refrain from stealing、不邪淫 refrain from sexual misconduct、
不妄語 refrain from lying、不飲酒 refrain from consuming intoxicants

八正道：

正見 Right View、正思 Right Thought、
正語 Right Speech、正業 Right Action、正命 Right Livelihood、
正精進 Right Effort、正念 Right Mindfulness、正定 Right Meditative Concentration

十二因緣：

1. 無明 ignorance   2. 行 mental formations   3. 識 consciousness
4. 名色 name and form   5. 六入 six sense organs   6. 觸 contact
7. 受 feeling   8. 愛 craving   9. 取 clinging   10. 有 becoming
11. 生 birth   12. 老死 aging and death

NoNonsense Buddhism for Beginners
by Noah Rasheta
Copyright © 2018 by Noah Rasheta
Illustrations © Shannon May, 2018
First Published in English by Althea Press, an imprint of Callisto Media, Inc.
All rights reserved
Chinese complex translation copyright © Maple House Cultural Publishing, 2022
Published by arrangement with Callisto Media Inc
through LEE's Literary Agency

佛陀不廢話

出　　　版／楓樹林出版事業有限公司
地　　　址／新北市板橋區信義路163巷3號10樓
郵 政 劃 撥／19907596　楓書坊文化出版社
網　　　址／www.maplebook.com.tw
電　　　話／02-2957-6096
傳　　　真／02-2957-6435
作　　　者／諾亞・羅舍塔
譯　　　者／黃春華
企 劃 編 輯／陳依萱
校　　　對／周佳薇
港 澳 經 銷／泛華發行代理有限公司
定　　　價／380元
初 版 日 期／2022年5月

國家圖書館出版品預行編目資料

佛陀不廢話／諾亞・羅舍塔作；黃春華
譯. -- 初版. -- 新北市：楓樹林出版事業
有限公司, 2022.05　面；公分

譯自：No-nonsense Buddhism for
　　　beginners

ISBN 978-626-7108-22-2（平裝）

1. 佛教教理　2. 佛教修持

220.1　　　　　　　　111003259